国际规则与国有企业改革

石　颖◎著

中国言实出版社

图书在版编目(CIP)数据

国际规则与国有企业改革 / 石颖著. -- 北京：中
国言实出版社，2022.6
ISBN 978-7-5171-4164-8

Ⅰ.①国… Ⅱ.①石… Ⅲ.①进出口贸易商用规则—
研究②国有企业—企业改革—研究—中国 Ⅳ.①F746
②F279.241

中国版本图书馆CIP数据核字（2022）第102915号

国际规则与国有企业改革

责任编辑：代青霞
责任校对：王建玲

出版发行：中国言实出版社
　　　　地　址：北京市朝阳区北苑路180号加利大厦5号楼105室
　　　　邮　编：100101
　　　　编辑部：北京市海淀区花园路6号院B座6层
　　　　邮　编：100088
　　　　电　话：010-64924853（总编室）　010-64924716（发行部）
　　　　网　址：www.zgyscbs.cn　　电子邮箱：zgyscbs@263.net

经　销：新华书店
印　刷：北京虎彩文化传播有限公司
版　次：2022年6月第1版　　2022年6月第1次印刷
规　格：710毫米×1000毫米　　1/16　　11.5印张
字　数：160千字

定　价：49.80元
书　号：ISBN 978-7-5171-4164-8

作为稳步扩大规则、规制、管理、标准等制度型开放尤其是规则制度性开放的重要内容，积极推进同高水平国际经贸规则对接是我国当前和今后一段时期制度性开放的重要方向之一。在世界范围内，国际经贸规则的制定主要依赖于世界各国或国际组织的磋商，如世界贸易组织协定及其他双多边自由贸易协定等。然而，21世纪以来，由于主体众多、议题广泛、利益诉求不一致等原因，以世界贸易组织（WTO）为代表的世界多边贸易体系正处于十字路口，亟待改革以避免被边缘化的危险。国际经贸规则处于再平衡与重构期，这是当前世界经济中最重要的变化之一。在后WTO时代，以全面与进步跨太平洋伙伴关系协定（CPTPP）为代表的高标准双多边自由贸易协定，通过打开国与国之间的"边界后限制"来重塑国际规则，主要经济体均在试图通过获得更多规则制定权在重塑国际经济秩序过程中产生主导作用。这些国际规则主要涉及准入前国民待遇及负面清单、国有企业、金融服务、法律透明度、劳工保护、环境保护等一系列议题与政策。

围绕规则重塑，国企条款正逐渐成为当前国际高标准经贸规则的重要议题之一。其实，不论是在发达国家还是在发展中国家，国有企业均不同程度地存在。国有企业有其存在的理论正当性，因为各国发展实践已经证明了国有企业在克服自然垄断、解决公共产品供给不足、调节收入分配、保障国家经济安全等方面的重要作用。然而，国有企业的公平竞争问题、信息透明度问题、公司治理自主性以及独立性问题，引起了国际上的广泛关注。特别是新兴经济体国家中的国有企业竞争力和综合实力不断增强，在全球化进程中发挥着愈加重要的作用。在以美国为代表的美西方国家看来，国有企业实力强大的原因是政府为其提供了不公平的竞争优势。因此，美、日、澳及欧盟国家强调因国有企业与政府间的特殊关系，有必要对国有企业建立基于公平竞争的纪律要求。代表这些要求的国企条款，不仅体现在这些国家的国内法律上，同时也越来越多地出现在经济合作与发展组织（OECD）政策和全面与进步跨太平洋伙伴关系协定（CPTPP）、美墨加协定（USMCA）、欧越自由贸易协定（EVFTA）等国际经贸规则上。相关国企条款被广泛采用，不仅对缔约方形成强力约束，也对未来国际经贸规则升级有强烈的示范效应。

国有企业是中国企业"走出去"参与国际竞争的主要力量，是共建"一带一路"等重大举措的重要力量。近年来，中国经济快速发展，已经成为影响世界政治经济格局的重要力量，是最大的贸易国和世界第二大经济体。最新数据显示，2021年，我国GDP总量是17.72万亿美元，位居世界第二，美国GDP总量为23.03万亿美元，差距进一步缩小到5.31万亿美元。我国与发达经济体之间不仅体现在经济总量上的差距日益缩小，我国国有企业的实力强大也让以美国为首的美西方国家感受到了竞争威胁。根据2021年10月公布的《国务院关于2020年度国有资产管理情况的综合报告》，2020年，全国国有企业（不含金融企业）资产总额268.5万亿元，相当于当年GDP的2.6倍。而美国国有企业规模非常小，生产总值仅占美国GDP的5%。2021年，在《财富》世界500强企业榜单中，我国上榜企业135家（不包括台湾），居首位。其中，96家（占比67%）为国有企业，在全部上榜国有企业中占78%（123家）。

从1978年开始，中国国有企业改革已经经历了40余年的发展历程，大致经历了放权让利、两权分离、制度创新、重组调整、全面深化改革五个制度变迁阶段。国有企业改革坚持以公有制为主体、坚持市场化改革方向，以提高效率为核心的主流国有企业改革无疑是成功的。然而，作为社会主义市场经济体制的重要组成部分，如何协调国有企业与市场经济的关系还需进一步探索，这不仅是解决政府如何办企业的世界性难题，也是下一阶段完善社会主义市场经济体制的重点和难点。在计划经济时期，国有企业是市场的主体，甚至是唯一的主体，因此企业只是完成国家计划的单位，没有明显的竞争关系。随着我国市场经济体制的建立和民营经济的崛起，处于全面深化改革阶段的国有企业，关注重点更多放在如何与民营企业、外资企业等其他所有制组织开展公平竞争，国有企业和其他所有制企业之间的公平竞争已成为经济社会发展的主要矛盾。

国际规则中有关国企条款对我国国有企业改革，乃至对以国企条款为基础的中国经济体制及发展模式带来挑战，不仅对我国国有企业海外投资带来转型要求和制度风险，甚至对中国经济模式构成挑战。应对我国国有企业在国际市场上的竞争产生新的挑战，如何转危为机是摆在国有企业面前的重大课题。不过，当前国际规则中的国企条款与我国始终坚持的市场化改革方向基本一致。国际规则中国企条款所体现的公平竞争理念，是以开放倒逼深层次改革的又一次机遇，有利于实现国有企业与民营企业、外资企业竞争公平有序，有利于推动深化国有企业改革，有利于加快完善社会主义市场经济体制，推动形成全面开放新格局，有利于为世界提供供给侧结构性改革的中国方案。因此，深入研究国际规则中的国企条款既是应对外部挑战的客观要求，更是未来中国以不同所有制公平竞争为政策重点的现实需要。同时，深刻理解和把握作为情景变量的国际规则中的国企条款，对于深化国有企业改革具有重要的参考和借鉴意义。

本书立足于建设统一开放、竞争有序、制度完备、治理完善的高标准市场体系背景下，对管理学和传统经济学理论中有关国际规则中的国企条款进行理论溯源，总结国际规则中国企条款的演进脉络，挖掘主要国际规则中国企条款的规范性要求和背后逻辑，基于中国国有企业改革制度变迁的现实情况，展开中国国有企业在政府补贴、市场准入、融资渠道、信息披露等方面与国企条款相容情况的客观评估，尝试提出符合"十四五"时期乃至更长一段时间中国国有企业应对国际规则中国企条款的政策选择。

为此，本书设立了八章内容，按照"提出问题—理论基础—演进历程—现状分析—相容分析—政策建议"的逻辑思路来安排内容。第一章为绪论，阐述了研究背景、研究问题，并对研究意义和内容安排进行解释。第二章对相关概念、基础理论展开分析，并对该领域已有的相关学术文献进行综述，找到本书解决问题的切入点。在核心章节中，安排了国际规则中国企条款的演进脉络（第三章）、主要国际规则中的国企条款（第四章）、中国国有企业改革的制度变迁（第五章）、中国国有企业不断深度融入国际规则（第六章）、因应国际规则国企条款的政策选择（第七章）五个章节来进行规范研究。第八章给出了主要研究结论和政策建议。

本书的主要研究结论是：

第一，从历史纵深视角出发，国际规则中国企条款呈现出阶段化演进态势，规则范围、标准化程度和约束力不断发展和演变。一是国际规则中国企条款的演进历程可划分为 GATT 时代、WTO 时代以及后 WTO 时代三个发展阶段。当前，国际规则中国企条款集中表现为竞争中性原则，呈现出从一国国内市场扩大到欧盟成员国，再扩展到国际经贸体系的发展趋势。二是国际规则中国企条款逐渐演变为美欧主导的区域贸易协定中的通用规则，限制重点进一步聚焦国企问题且趋向严格，短期内纳入多边贸易体制可能性较小但长期看难以规避，应尽快推出"中国版"竞争中性原则。三是按照竞争中性的原则，我国国有企业当前从政府部门或其他主体方面获得的、因全民所有权的性质而享有的部分优势将失去，这对于已经享受到相关优势的国有企业来说是一项挑战。但是，由于推进国有企业成为独立的市场经济主体是我国国有企业改革的重要方向之一，因此，竞争中性原则所包含的公平竞争理念对于我国全面深化国有企业改革也具有积极的意义。四是我国对相关国企条款的态度呈现出从谨慎到探索性引入、从引入到选择性吸收、从吸收到制度性反思的变化过程。

第二，从横向挖掘视角出发，对比双多边自贸协定、国际组织研究以及具体国家实践中的国企条款，发现对国企纪律已经形成了体系化、结构化、步骤化的逻辑要求。一是国际规则中国企条款的演进逻辑经由美国的推广，对国有企业已经形成了体系化、结构化、步骤化的逻辑要求，即以竞争中性原则为指导思想和制度依据，以反补贴、反倾销措施为具体措施，以CPTPP、USMCA、FTA等作为推广平台，将国有企业条款纳入国际贸易和投资的规则，从而建立起更高标准的国际经贸规则，维护美欧在经济全球化中的主导地位。二是主要国际经贸规则中国企条款的规范性要求初步达成一般共识，一般涉及公司化和简化经营形式、核算特定职能的直接成本、要求合理的商业回报率以及税收中性、监管中性、债务中性、信贷中性、政府采购中性与补贴约束等。三是关于国企条款的共识主要体现在原则宗旨和内容方面，认为竞争中性原则的目的就是避免这种不公平的竞争优势的出现，确保国有企业和私营主体的公平竞争，且都规定了竞争中性原则的适用主体、适用标准以及监督和执行机制；分歧主要与本国国情存在很大关系，对国有企业界定存在争议，有研究认为竞争中性概念具有主观性和欺蒙性。四是结合我国国有企业的现状及改革进程，相关内容按是否可接受划分，大致有三个部分：第一，可接受，且已完成相关改革；第二，可接受，但需要进一步改革完善；第三，不可接受，需要通过例外排除。

第三，在实践中，中国国有企业改革经历了40余年的改革历程，取得了巨大成就，但效率有待提高，各种所有制企业公平竞争逐步成为未来政策重点。一是纵观中国国有企业改革40余年的发展历程，大致经历了放权让利、两权分离、制度创新、重组调整、全面深化改革五个制度变迁阶段。二是与西方国家相比，我国国有企业的发展起点和演进历程截然不同。整体上看，国有企业的数量和经营效率低于民营企业，但是资产和净资产规模却远高于民营企业。从行业分布来看，国有企业仍主要分布在石油石化、电力、煤炭开采、装备制造等关键性行业。国有企业公平竞争问题逐步成为政策重点。三是中国国有企业改革的基本趋势是坚持社会主义市场化改革方向，做到"两个坚持""两个毫不动摇"和"增强五个力"，坚持各种所有制企业公平竞争。

第四，中国国有企业应积极应对国际规则中国企条款的新趋势，同时，确立中国国有企业改革的制度体系，掌握规则制定的主动权。在当前大国博弈和地缘竞争加剧的背景下，中国国有企业改革政策选择的总体思路是，对外应积极应对国际规则中有关国企条款，助推中国国有企业实现"走出去"；对内应确立未来时期我国国有企业发展政策体系，加快推进国企改革。把握坚定实施"走出去"发展战略，坚持"两个毫不动摇"，坚持各所有制公平竞争三项路径选择。围绕形成应对国际规则中国企条款的中国话语体系、以公平竞争理念为核心调整完善相关制度体系、坚定地沿着市场化方向深入推进国有企业改革、统筹推进国有企业相关领域配套制度改革进程四项重点任务确定具体改革路径。

根据上述结论，本书提出如下政策建议：

一是加强对国际规则中国企条款的研究，高度重视、综合研判，助推国有企业"走出去"。从国际经贸规则中国企条款的发展趋势来看，我国国有企业"走出去"很难回避国有企业议题，在国际经济贸易规则持续引起深刻变革的背景之下，国有企业议题可能成为国际规则制定的重要场域。为此，应抓早、抓紧、抓实，更加深入研究国际规则中的国有企业条款。这既是形成中国国有企业"走出去"应对策略的前提基础，也是推动我国从规则接受向规则制定者转变的关键一步，将有利于我国积极争取在新一轮国际经济贸易规则的制定过程中更好发挥推动和引领作用。二是主动参与国际规则制定，适度承诺、守住底线，围绕国企条款提出中国主张。国企条款大部分均属于中国在加入 WTO 时已经接受的规则或中国可接受的内容，或者属于符合中国改革方向、整体和长远利益的，可通过深化改革予以满足。对不可或难以接受的少数条款，充分利用规则中的例外空间，将关键领域或重要企业列入不符措施，如维护社会稳定、保障国家安全、建设重大基础设施与开发重要自然资源、促进中小企业发展和乡村振兴等活动，都可作为例外情况予以排除。对短期内难以改革到位、同时又不能排除的措施，如对国有企业历史遗留问题的资助等，可以争取改革过渡期，承诺在改革过渡期结束后彻底落实到位，为改革赢得时间。三是继续深化国有企业改革，坚定方向、突出重点，营造公平竞争的市场环境。应对国际规则中国企条款的关键在于能否坚定地深入推进国有企业改革，应主要围绕"以管资本为主""发展混合所有制经济"等既定方向推进国有企业改革，大幅减少符合国企条款中国有企业定义、必须接受其约束的企业数量，辅之以规范补贴机制、市场准入机制、促进公平竞争、提高透明度等改革措施，培育具有全球竞争力的世界一流企业。

"满眼生机转化钧，天工人巧日争新。"期待中国国有企业在新时代，继续当好"顶梁柱"、做好"压舱石"，坚持引领改革创新，在世界舞台上发出中国声音、提供中国方案、彰显中国力量，更加积极主动地发挥出无法替代的重要作用。

是为序！

石 颖

2022 年 5 月

— 目 录 —

第一章　绪　论

国际经贸规则处于深刻变革与重构过程中，在澳大利亚、美国等国家及 OECD 等国际组织的推动下，国有企业议题正在逐渐成为国际经贸规则当中的重要议题，并对我国国有企业"走出去"在国际市场上的竞争产生新的挑战，如何转危为机是摆在国有企业面前的重要课题。本章首先提出了研究背景和研究问题，继而对本书的理论意义、现实意义和创新之处展开论述，最后提出本书的技术路线、研究内容及研究方法。

第一节　研究背景与问题提出

全球化促进了各国的经济发展，没有哪个国家可以脱离全球化而获得健康发展。随着世界主要国家经贸投资博弈加剧，全球多边经贸规则变革已成必然，在新一轮高标准国际经贸规则中，国有企业成为无法回避的议题，需要综合研判和积极应对。

一、研究背景

（一）国际经贸规则进入再平衡与重构的新时期

市场的健康发展和有效运行需要一套稳定的制度体系和合理的治理

准则。^①制度性开放是经济全球化的一个更高阶段，主要通过减轻或消除市场扭曲、制定竞争规则、加强信息披露、给予外国投资者最惠国待遇等规则来实现。在世界范围内，由于主权主体的缺失，国际经济贸易规则的制定主要依赖于世界各国或国际组织的磋商，如世界贸易组织协定及其他双多边自由贸易协定等。21世纪以来，随着世界范围内的投资和贸易的自由化程度不断提高，各国都在积极地开展投资市场的开放。但是，由于主体众多、议题广泛、利益诉求不一致等原因，以 WTO 为代表的世界多边贸易和投资谈判进展并不令人十分满意。国际经贸规则处于再平衡与重构期，这是当前世界经济中最重要的变化之一。一方面，WTO 多边贸易体系正处于十字路口，亟待改革以避免被边缘化的危险。另一方面，以 CPTPP 为代表的高标准双多边自由贸易协定，通过打开国与国之间的"边界后限制"来重塑国际规则，主要涉及准入前国民待遇及负面清单、国有企业、金融服务、法律透明度、劳工保护、环境保护等一系列规制与政策。

然而，可以肯定的是，不论是 WTO 主导的多边贸易体系改革，还是区域自由贸易协定的相互竞争，均是围绕"规则制定"展开的。在后 WTO 时代，世界各国均在试图通过获得更多规则制定权在重塑国际经济秩序过程中产生主导作用。特别是美国等国家在其主导的双多边自贸协定中加入对国有企业的规制条款，试图在全球经济规则转型中稳固美国的主导地位，并对所谓的"国家资本主义"加以遏制。

（二）国有企业在全球化中发挥更加重要的作用

国有企业具有存在的现实正当性，因为不论是在中国还是在其他国家，不论是在发达国家还是在发展中国家，国有企业均不同程度地存在。国有企业也有存在的理论正当性，因为各国发展实践已经证明了国有企业在克服自然垄断、解决公共产品供给不足、调节收入分配、保障

---

① 国务院国资委改革办. 国企改革若干问题研究 [M]. 北京：中国经济出版社，2017.

国家经济安全等方面的重要作用。OECD 的研究表明，2013 年世界最大的 100 家企业中，有 22 家是由政府作为其主要股东的。进一步研究表明，在一些传统的工业国家，如挪威、法国、芬兰、爱尔兰、希腊等，其全国最大的 10 家企业中国有企业均占有比较重要的位置。其中，中国、阿联酋、俄罗斯、印度尼西亚、马来西亚、沙特阿拉伯、印度和巴西等国家的国有股份在该国最大的 10 家企业中占比超过 50%。[1]

国有企业的公平竞争问题、信息透明度问题、公司治理自主性以及独立性问题，引起了国际上的广泛关注。在以美国为代表的美西方国家看来，我国国有企业实力强大的原因是政府为其提供了不公平的竞争优势。因此，在后 WTO 时代，美欧等国将竞争中性视为保证市场公平竞争的良方，开始在双边和多边协议中纳入竞争中性原则以推动对国有企业的规制。根据经济合作与发展组织（2016）相关数据[2]，在 26 个国家的国际投资协定的投资者定义中，明确包括了国有企业的国际投资协定的比例，美国（100%）、澳大利亚（92%）、加拿大（81%）、日本（72%）和阿联酋（69%），是在投资者定义中最为经常明确包括国有企业的国家；将国有企业从国际投资协定中所述的涵盖范围中明确排除是很罕见的，只有 3 个与巴拿马签署的双边协定排除了国有企业，但这种排除是不对称的，因为这些协定不适用于另一缔约方（英国、德国和瑞士）的国有企业。

（三）国企条款成为高标准经贸规则的重要议题

国企条款正逐渐成为当前国际高标准经贸规则的重要议题。相关国企条款代表了西方主要国家对国有企业的共同要求。美、日、澳及欧盟国家并不禁止和排斥将国有企业纳入国际投资与贸易体系，但强调因国有企业与政府间的特殊关系，有必要对国有企业建立基于公平竞争的

①OECD, State-owned enterprises in the development process，2015.
②经济合作与发展组织. 国家发展进程中的国企角色 [M]. 北京：中信出版集团，2016.

纪律要求。代表这一要求的国企条款，不仅体现在这些国家的国内法律上，同时也越来越多地出现在 OECD 政策和 CPTPP、USMCA、EVFTA 等国际经贸规则上。相关国企条款被广泛采用，不仅对缔约方形成强力约束，也对未来国际经贸规则升级有强烈的示范效应。我国即使不签订包含相关国企条款的国际经贸规则，国有企业"走出去"也会受到严格约束。

国有企业已经成为 WTO 改革的核心议题。在新一轮 WTO 改革中，主要经济体对国有企业有明确诉求：美国方案最为激进，意图将其主导的区域或双边协议中的国企条款纳入 WTO 规则，如坚持将国有企业定性为公共机构，进而认定其为补贴来源等；欧盟、日本等发达国家相对温和，希望基于竞争中性原则扩展现有 WTO 规则，但总体上采取跟随美国的态度。

CPTPP 针对国有企业构建了迄今最为严格的约束条款。CPTPP 首次针对国有企业单独成章，对国有企业作出可量化执行的定义，将规制范围从货物贸易扩展到服务贸易。其核心规则是"商业考虑与非歧视待遇、非商业援助和透明度"，其中"非商业援助"条款部分落实了美国"公共机构政府控制论"，国有企业也可以被列为影响公平竞争的补贴提供者。

国企议题也已经成为其他重要多边和双边规则的核心内容。美墨加协定更清晰地体现了美国对国有企业的态度，其第二十二章"国有企业和指定垄断"可视为 CPTPP 第十七章的修订版，继承了 CPTPP 国有企业纪律要求，并进一步扩大了国有企业定义的范围，在"非商业援助、透明度"等方面对国有企业提出了更严格的要求。欧日经济伙伴关系协定对国有企业单设一章，较 CPTPP 提出了更高的标准，如建立了监管框架等规则。欧越自由贸易协定基本继承了 CPTPP 内容，除"非商业援助"的纪律约束不如 CPTPP 严格外，其他方面基本相同。

部分发展中国家为融入国际经贸体系，也开始接受高标准国企条款。加入 CPTPP 的国家不仅有国有企业相对较少的马来西亚、秘鲁等，也有国有企业相对较多的越南；墨西哥既加入 CPTPP，又签署了 USMCA；印度也表示可以接受"非商业援助"条款。

二、问题提出

（一）国有企业是我国企业"走出去"的主要力量

自 2000 年 3 月全国人大九届三次会议正式提出实施"走出去"战略开始，中国企业一直在"走出去"道路上不断前进。2013 年 9 月 7 日，习近平总书记在哈萨克斯坦纳扎尔巴耶夫大学的一次重要讲话中，第一次提出了"丝绸之路经济带"倡议，提出加强道路、贸易、货币等多个领域的合作与交流。2013 年 10 月 3 日，习近平主席在印度尼西亚国会的一次重要讲话中清楚地表明，中国愿与东盟各国一道建设"21 世纪海上丝绸之路"，并建立更友好的海洋伙伴关系。"一带一路"倡议成为顺应和平与发展的时代主题下，中国倡导的有利于沿线国家经贸发展的重大倡议。在此背景下，中国经济快速发展，已经成为影响世界政治经济格局的重要力量，是最大的贸易国和世界第二大经济体。从 GDP 总量来看，根据世界银行公布的最新数据，2021 年我国 GDP 总量是 17.72 万亿美元，位居世界第二，美国为 23.03 万亿美元，差距进一步缩小到 5.31 万亿美元。我国与发达经济体之间不仅体现在经济总量上的差距日益缩小，我国国有企业的实力强大也让以美国为首的发达国家感受到竞争威胁。根据 2021 年 10 月公布的《国务院关于 2020 年度国有资产管理情况的综合报告》，2020 年全国国有企业（不含金融企业）资产总额 268.5 万亿元，相当于当年 GDP 的 2.6 倍。而美国国有企业规模非常小，生产总值仅占美国 GDP 的 5%。

国有企业是我国企业"走出去"参与国际竞争的主要力量，是成功实施"一带一路"建设等重大举措的重要力量。从客观数据上看，2021 年，在《财富》世界 500 强企业榜单中，我国上榜企业 135 家（不包括台湾），居首位，其中，96 家（占比 67%）为国有企业，在全部上榜国有企业中占 78%（123 家），其他 27 家国有企业主要分布在印度（4 家）、俄罗斯（3 家）和巴西（2 家）等新兴经济体大国和美国（3 家）、法国（3 家）、日本（2 家）等经济发达国家。从发展趋势来看，2011 至 2021 年，中国上榜企业从 61 家增加至 135 家。其中，国有企业从 55 家增加至 96 家，非国有企业从 6 家增加至 39 家。虽然近十年国有企业在全部上榜企业中的占比从 90% 下降至 71%，但国有企业的数量优势仍然明显，是我国"走出去"的主要力量。

（二）国有企业是参与全球经济治理的重要载体

全球治理体系对跨国公司的影响是深远的，而跨国公司在全球治理规则的制定中也起着举足轻重的作用。美国在世界范围内的领导地位很大程度上依靠它拥有大量具有国际竞争力的跨国企业，比如苹果、微软、谷歌、IBM、艾克森美孚、波音、通用等大型跨国公司。从企业规模、技术实力、人力资本等各方面来看，我国的民营企业与发达国家的跨国公司相比有较大的差距，在较长的时间里，很难与国外的跨国企业相竞争；而国有企业在企业规模、技术实力等方面的差距比较小，在跨国经营方面也积累了比较丰富的经验。因此，结合现实情况来看，我国最有可能与发达国家的大型跨国公司抗衡的是国有企业。随着全球经济一体化的深入发展，我国必须积极参与国际治理，以保障我国企业、产业和国民经济的安全与利益。国有企业在推进全球战略方面起着举足轻重的作用，是参与全球经济治理的重要载体。

（三）国企条款对中国国有企业改革带来挑战

从 1978 年开始，中国国有企业改革坚持以公有制为主体，坚持市场化改革方向，已经经历了 40 余年的发展历程。因此，以提高效率为核心的主流国有企业改革无疑是成功的。然而，作为社会主义市场经济体制的重要组成部分，如何协调国有企业与市场经济的关系还需进一步探索，这不仅是解决政府如何办企业的世界性难题，也是下一阶段完善社会主义市场经济体制的重点和难点。

国际经贸规则中的国企条款总体目标是要求国有企业遵循公平竞争原则，核心是理顺政府和企业的关系，防止国有企业获得优惠待遇而产生不公平竞争。国际规则中有关国企条款对我国国有企业改革，乃至对以国企条款为基础的中国经济体制及发展模式带来挑战，不仅对我国国有企业海外投资带来转型要求和制度风险，甚至对中国经济模式构成挑战。主要原因是我国国有企业数量多、范围广，是政府实现经济社会目标的重要渠道，政府和企业的边界还不够清晰，公益事项和商业竞争相互交织，容易被认定为不公平竞争。历史遗留下来的市场结构可能难以满足相关条款的要求。与相关国企条款的高标准和新要求相比，我国的有些制度和实践还存在较大差异，还有大量的政策改革和调整工作要做。因此，深入研究国际规则中的国有企业条款及中国国有企业"走出去"应对策略成为迫在眉睫的任务。我国需要培育和建设符合国际规则的国有企业，继续深化国有企业改革。

第二节 研究意义与创新之处

本书符合我国建设统一开放、竞争有序、制度完备、治理完善的高标准市场体系的要求，以及未来实现更高水平制度性开放的需要。对于推动国有企业形成与国际规则相衔接的制度体系和监管模式，具有较强的现实意义和理论意义。

一、研究意义

（一）现实意义

第一，为我国更好参与和引领新一代国际经贸规则提供宏观决策参考。随着中国等新兴经济体综合实力和影响力不断增强，其在全球投资与贸易格局中的地位正在逐步上升，包括我国在内的新兴经济体均在寻求机会加入全球贸易和投资规则的重构，以期在应对、参与乃至引领新一代国际经贸规则中发挥重要作用。国际规则中的国企条款给我国国有企业在"走出去"过程中带来更多贸易和投资摩擦的同时，也成为推动我国逐步健全开放型经济新体制的外部力量。有关国企条款的高标准和严要求与党的十九大以来我国社会主义市场经济体制改革的总体目标具有高度的一致性。对国际规则中的国企条款展开研究，将有利于推动我国从接受规则向制定规则转变，符合新形势下我国争取国际规则主导权的客观需要。

第二，为国有企业更好应对有关国企条款提供微观对策建议。在经历了多年的发展实践之后，我国政府和企业对传统经贸摩擦都有了较为成熟的解决办法。例如，在 WTO 框架下，我国政府对于诸如反补贴、反倾销等传统的救济方式可以从容地作出反应，并采取相应的对策。[①] 然而，当前有关国际规则中的国企条款有所不同，其根植于美欧等发达国家的经济、政治和法律体系之中。需要认真研究国际规则中的相关国企条款，在微观企业层面，对国有企业评估变化、适应变化、引领变化提供相应的理论指导。

第三，有利于助力我国国有企业"走出去"战略的实现。以竞争中性原则为代表的国企条款是我国实施"走出去"战略的外在动力。对于我国来说，竞争中性原则逐步从国际软法过渡到国际硬法，既是一次

---

① 冯辉. 贸易与投资新规则视野下的竞争中立问题研究 [M]. 上海：格致出版社，2018.

改革机遇，又是一个风险挑战。西方国家可能通过国家安全审查、反倾销反补贴等手段，利用国企议题阻碍我国融入国际投资贸易发展新格局。然而，国际规则中国企条款所体现的公平竞争理念，是以开放倒逼深层次改革的又一次机遇，有利于实现国有企业与民营企业、外资企业竞争公平有序，有利于推动深化国有企业改革，有利于加快完善社会主义市场经济体制，推动形成全面开放新格局，有利于为世界提供供给侧结构性改革的中国方案。

（二）理论意义

第一，有助于加深理解国际上国有企业的规制动态和发展趋势。高标准国际规则对日后国际贸易的发展具有示范作用。当前国有企业国际规则发展变化比较快，本书有助于我们紧跟国际经贸规则变化的快节奏，加深理解并采取有效举措。

第二，有助于我国制定和完善关于国有企业的制度体系。分析国际规则中的有关国企条款，如公平竞争理念，与我国国有企业的改革目标不谋而合。本书通过对比国际规则中国企条款的相关规定，明确国际规则中国企条款的规范性要求，客观评估我国国有企业当前与国企条款的融合，对于完善我国国有企业的相关制度和促进国有企业改革意义重大。

第三，有利于加快推进公平竞争市场环境的相关制度探索。营造各类所有制企业公平竞争的发展环境是我国制定相关政策的重点，也是完善的市场经济体制和高水平开放经济的应有之义。国际规则中国企条款与我国国企改革方向基本一致，因此，本书的理论探讨有利于加快推进公平竞争市场环境的相关制度探索。

二、创新之处

一是研究视角新。有关国企条款，涉及的研究内容非常广泛。国内外文献主要从经济法学、国际经济学、政治经济学等学科视角展开分析。本文从管理学和传统经济学视角出发，在学习借鉴国内外学者关于国有企业改革、国际经贸规则、竞争中性原则、公平竞争的文献基础上，将国际规则中的国企条款视为制度情境，重新审视新一轮国有企业改革引入竞争中性原则需要考量的问题，这是本书的重要特色。

二是理论融合新。有关国企条款通常被视为理论而未作深入探讨，本书通过挖掘政府与市场关系理论、霸权稳定理论、国际规范生命周期理论等现有理论，对有关国企条款进行理论溯源，讨论现有理论的合理性和适用性，并进行一定程度的拓展与延伸。此外，本书将国有企业、竞争中性原则、公平竞争理念等相关概念进行再认识和再界定，将三者置于同一逻辑框架内进行分析，从理论源头上进行国有企业、竞争中性原则和公平竞争理念的基础性理论整合，这是本书的一个创新之处。

三是研究时效新。本书以 2012 年以来我国国有企业处于全面深化改革阶段的数据资料为基础，从政府补贴、市场准入、融资渠道、信息披露等方面对当前中国国有企业进行分析，探讨中国国有企业不断深度融入国际规则，进而对国有企业改革的方向与任务进行明确，具有较强的时效性和现实指导意义。

第三节　研究内容与研究方法

一、研究内容

本文共分为八章内容。

第一章，绪论。首先，阐述本书的研究背景并提出研究问题。其次，对本文的研究意义和创新之处进行论述。最后，对本文的技术路线、研究内容、研究方法进行概述，以期明确本书的研究逻辑与基本安排。

第二章，基础理论与文献综述。本章分析了国有企业、竞争中性原则、公平竞争理念等重要概念，从政府与市场关系理论、霸权稳定理论和国际规范生命周期理论阐释国际规则中国企条款的产生原因。接下来，根据学术文献研究视角和侧重内容的不同，将现有文献重新划分为基于国际经贸规则中国企条款本身的研究、基于西方推行国企条款背后的战略意图研究、国企条款对我国国有企业带来的影响及改进建议三个主题进行归集综述，并进一步对现有研究的不足之处进行详细分析。

第三章，国际规则中国企条款的演进脉络。本章根据国际规则的演变规律，聚焦有关国企条款内容，将国际规则中国企条款的历史演变过程分为 GATT 时代、WTO 时代、后 WTO 时代三个阶段，焦点从所有制中性的共识，过渡到公共机构认定的碰撞，再到竞争中性的困境谈论之中。进一步，对国际规则中国企条款的发展趋势进行展望判断，从当前国际规则中国企条款的特征判断、集中表现竞争中性原则的深入分析、国有企业应对国际规则的挑战与机遇、中国对国际规则中国企条款的态度转变四个方面详细论述国际规则中国企条款的发展趋势。

第四章，主要国际规则中的国企条款。本章研究了以 CPTPP、USMCA、EVFTA、USSFTA、EPA 为代表的双边多自贸协定中的国企条款，以 WTO、OECD、UNCTAD 为代表的国际组织研究实践中的国企条款，以美国、欧盟、澳大利亚、马来西亚、墨西哥为代表的具体国家实践中的国企条款，明确现有国际经贸规则对国有企业议题的核心关切。本章最后一部分对当前主要国际规则中国企条款的演进逻辑、规范性要求、共识与分歧以及可接受程度进行了详细分析。

第五章，中国国有企业改革的制度变迁。本章将中国国有企业改革的发展历程划分为从国有国营到放权让利（1978—1984 年）、政企分开与两权分离（1985—1992 年）、现代企业制度与抓大放小（1993—2002 年）、国资管理体制改革和国有经济布局战略性调整（2003—2012

年）以及全面深化国有企业改革（2013年至今）五个阶段，对中国国有企业的产生、特点和改革重点进行评价，并进一步探析中国国有企业改革的基本趋势，以期明确我国国有企业的过去、现状以及改革的未来走势。

第六章，中国国有企业不断深度融入国际规则。本章从聚焦我国国有企业改革现状，从政府补贴、市场准入、融资渠道、信息披露等方面对国有企业的最新进展进行分析，以明确我国国有企业与当前国际经贸规则中有关国企条款的相容情况。

第七章，因应国际规则国企条款的政策选择。在当前大国博弈和地缘竞争加剧的背景下，本书认为必须高度重视、内外统筹、分类应对，对外应积极应对国际规则中有关国企条款，助推中国国有企业实现"走出去"；对内应确立未来时期我国国有企业发展政策体系，加快推进国企改革。因应国际规则国企条款的政策选择应该遵循三大路径，即坚定实施"走出去"发展战略、坚持"两个毫不动摇"、坚持各所有制公平竞争，提出形成应对国际规则中国企条款的中国话语体系、以公平竞争理念为核心调整完善相关制度体系、坚定地沿着市场化方向深入推进国有企业改革、统筹推进国有企业相关领域配套制度改革进程四项重点任务。

第八章，研究结论与政策建议。本章阐述研究得出的主要结论以及相应的政策建议。

二、技术路线

本书沿着"提出问题—理论基础—演进历程—现状分析—相容分析—政策建议"的逻辑思路（见图1-1），具体体现为以"相关概念界定—国际规则中国企条款的演进脉络—主要国际规则中的国企条款—中国国有企业不断深度融入国际规则—因应国际规则国企条款的政策选择"为基本研究内容渐次展开。

| 绪论 | → | 背景与问题提出 | ⇒ | 研究意义与创新 | ⇒ | 研究背景与方法 |

| 理论基础 | → | 相关概念界定
国有企业
竞争重性原则
公平竞争理论 | ⇒ | 基础理论分析
政府与市场关系
霸权稳定理论
国际规范生命周期 | → | 文献综述
国企条款本身
背后战略意图
影响及改进建议 |

演进历程

国际规则中国企条款的演进脉络
- GATT 时代
- WTO 时代 ⟶ 演进脉络
- 后 WTO 时代

主要国际规则中的国企条款

主要国际规则中的国企条款
- 双多边自贸协定
- 国际组织研究 ⟶ 规则内核
- 具体国家实践

现状分析

中国国有企业改革的制度变迁
- 发展历程
- 改革重点 ⟶ 制度变迁
- 趋势探析

中国国有企业不断深度融入国际规则
- 政府补贴
- 市场准入
- 融资渠道 ⟶ 相容分析
- 信息披露
- 其他方面

政策建议

因应国际规则国企条款的政策选择

主要结论、政策建议、进一步研究方向

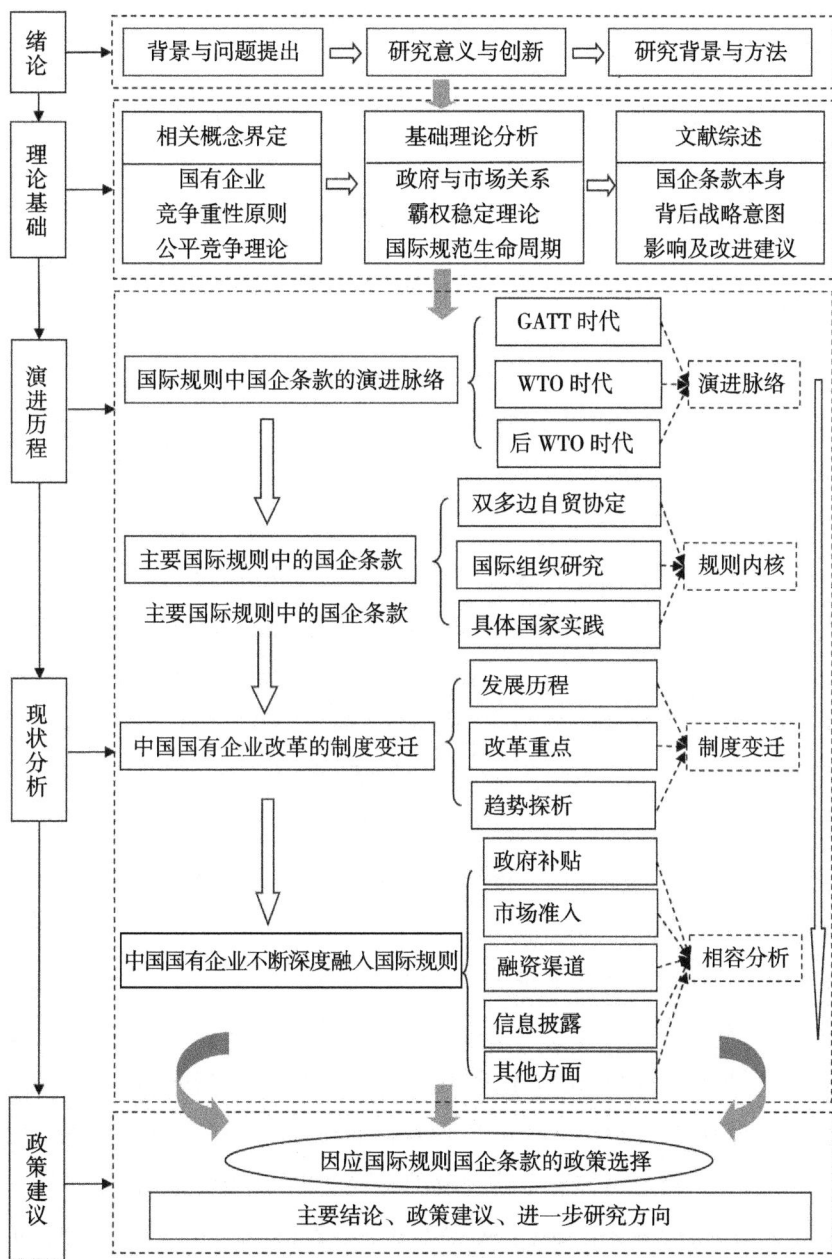

图 1-1 本书的逻辑框架

三、研究方法

第一，文献研究方法。一方面通过系统的文献归类与整理，形成基础性理论文献数据库，了解竞争中性、公平竞争与国有企业改革的经典研究，反思已有经典理论与本书内容的相关性、适用性与可延展性，进而关注前人做了哪些工作，有哪些工作还值得去做等现实问题；另一方面是了解国企条款、国有企业改革相关理论与实证的最新进展，对已有研究热点的关键词、关键主题、关键内容、主要作者与研究趋势形成清晰的全景展示，系统性地呈现已有的主要研究群体关注的主要研究内容，紧盯相关研究热点。

第二，比较研究方法。本书运用比较研究方法，分析双多边自贸协定、国际组织、具体国家实践等对国有企业公平参与竞争的有关条款，分析国有企业国际规则议题的制度演变过程、规范性要求、共识和分歧以及对我国国企改革的启示。此外，本书需要基于比较分析方法探究如下问题：国有企业相较于民营企业、外资企业而言，是否存在不公平竞争行为？进一步地，在竞争中性的哪些方面存在扭曲？也就是说，在回答新一轮国有企业改革的基础性问题中，应用比较分析方法考察国有企业相较于民营企业、外资企业在政府补贴、市场准入、融资渠道、信息披露等方面的相容情况。

第三，规范分析与实证分析相结合的方法。本书既采用了资料收集与分析等定性研究方法，又采用了对大量权威数据进行定量分析的方法。国际规则中国企条款分析采用规范分析方法，从演进脉络、到条款内核、再到对比评析，按照逻辑进行演进性分析。在实证分析方面，应用统计数据实证分析国有企业相较于民营企业、外资企业在政府补贴、市场准入、融资渠道、信息披露等方面的具体相容情况，形成对国有企业与其他所有制企业在竞争中性方面相容情况的直观认识，进而有针对性地提出竞争中性原则视域下国有企业改革的对策建议。

第二章　基础理论与文献综述

国际规则中国企条款相对来说是一个比较新的领域，国内对其有关概念和基本理论的探讨还比较有限。本章首先对国有企业、竞争中性原则、公平竞争理念进行界定，接着挖掘管理学和传统经济学中的政府与市场关系理论、霸权稳定理论、国际规范生命周期理论，尝试对国际中国企条款的逻辑内核进行分析，最后基于从国际规则中国企条款本身研究、基于西方推行国企条款背后的战略意图研究、国企条款对我国国有企业带来的影响及改进建议三个方面对现有文献进行归集与述评。

第一节　相关概念界定

一、国有企业定义之辩

国有企业在国内外的称谓并不统一，对国有企业的定义也有不同的侧重点，本部分通过对不同国家和国际贸易规则下国有企业定义的研究，试图将西方关于国有企业的定义与我国现行国有企业定义进行比较，从而为后文对国有企业的深入讨论提供基础。

（一）国际认定的国有企业

第一，国有企业在国际投资协定下通常被定义为"政府所有"或者"政府所有或控制"。有些表述如"公共机构"(Public Institution)、"国家公司和机构"(State Corporations and Agencies)、"政府机构"(Governmental Institution)也被使用。

1994年,GATT第十七款包含一个对"国营贸易企业"的定义,"国营贸易企业"被描述为"这样的一个国营企业,无论位于何处,正式地或者事实上地被授予排他或者特权的任何企业",包括销售委员会和进口垄断企业。

USSFTA第十二章指出,"反垄断商业行为,指定垄断和政府企业"。该章还包括适用于政府企业行为的特定条款。条款12.8将"政府企业"分别界定为:对美国来说,是指由政府拥有或控制的企业;对新加坡来说,是指政府具有决定性影响力的企业。

CPTPP第十七章指出,国有企业的定义包括两个方面的元素:一是要主要从事商业活动;二是会员国直接拥有该企业超过50%的股权,或者运用超过50%以上的投票权,通过所有权权益控制,或者拥有任命董事会或类似管理实体中大多数成员的权力。上述定义可以提炼出界定国有企业的四条标准:一是"主要从事商业活动",这是判断是否为国有企业的前提;二是持股权标准,"直接拥有该企业超过50%的股权"将会直接被判定为国有企业;三是表决权标准,"运用超过50%以上的投票权"即为国有企业;四是任命权标准,"拥有任命董事会或类似管理实体中大多数成员的权力",便被认定为国有企业。

第二,国有企业在很多西方国家的立法中有专门体现,一般在健康、教育、交通和通信等提供公共服务的领域以国有企业为主要经营主体。

美国比较特殊,一般都是在经济危机的时候,政府才会因为救市而控制私人企业。一旦危机过去,市场恢复了信心,政府就会将股份转让给私人企业。

英国国有化特别委员会规定，凡是由内阁大臣任命董事会成员的企业，由国有化工业特别委员会审查其报告和账目，而年度收入不能全部或主要不依靠国会或财政部门预支资金的企业，统称国有企业。

1980年6月，欧共体委员会发布了《关于成员国与公营企业间财务关系的透明度的指令》。该文件首次提到了公共企业，指政府当局可施加直接或间接控制支配性影响的企业，包括对企业的所有权、财务参与、管理条例和其他规范企业的活动。该指令进一步对"支配性影响"加以细化，认为公共部门持有该企业多数认缴股份、掌握该企业已发行股票相关联的多数投票权、有权委任该企业行政、管理与监管机构过半数成员的视为"支配性影响"。2000年7月，欧共体委员会对上述指令进行修订，将公共企业进一步分为一般公共企业和在制造业部门运营的公共企业。前者指政府当局可以凭借它对企业的所有权、财务参与和管理条例，对其施加直接或间接的支配性影响的一类企业；后者指主营业务中至少有50%的年营业额在制造业中的公共企业。

澳大利亚《联邦竞争中性政策声明》[1]第一部分第二节首先规定，"竞争中性适用于政府企业的重大商业活动，但不适用于非营利、非商业活动"。进一步界定，政府任命或罢免该公司全部或多数董事、在公司大会中能够行使或控制超过二分之一多数投票权、持有该公司二分之一以上已发行股份资产的视为"控制"。

新加坡对国有企业的定义更多的是根据商业原则建立的，指所有或部分所有权和有效控制权属于政府部门、公共机构或其派生机构。实践上，新加坡政府在投资方面有两个触角，一个是淡马锡及其关联公司，另一个是新加坡政府投资公司。财政部是淡马锡的唯一股东。

虽然相关国际贸易协定及相关国家均采用国有企业、国有公司等相似名称，但它们与我国目前的情况大相径庭，基本上是政府需要履行

---

①Australia. Commonwealth Competitive Neutrality Policy Statement，1996.

政府职能，但又不适合增设政府机构或通过政府机构来实施的实体，因此在很多方面都与政府有着千丝万缕的联系。我国国有企业经历过公司制改革，与上述情况有很大不同。

（二）中国认定的国有企业

第一，计划经济时期的国有企业界定。1982 年，《中华人民共和国宪法》第七条规定，国营经济是社会主义全民所有制经济，是国民经济中的主导力量，国家保障国营经济的巩固和发展。1986 年，《中华人民共和国民法通则》第一次在法律上采用了"全民所有制企业"的称谓。1988 年，《中华人民共和国全民所有制工业企业法》，正式以专门法的形式确认了全民所有制企业的主体地位，将全民所有制企业界定为依法自主经营、自负盈亏、独立核算的社会主义商品生产和经营单位，"企业的财产属于全民所有，国家依照所有权和经营权分离的原则授予企业经营管理"。可以发现，计划经济时期国有企业的内涵是确定的，即国有企业是从事商品生产和经营活动的企业，其资产归国家所有。

第二，社会主义市场经济时期的国有企业界定。改革开放以来，随着经济体制改革的深入，特别是股份制改造，以往国有企业的界定局限性突显。[①]1993 年 2 月 14 日，中共中央向第七届全国人大常委会提出《关于修改宪法部分内容的建议》，其中包括将第七条改为"国有经济是社会主义全民所有制经济，是国民经济中的主导力量，国家保障国有经济的巩固和发展"。我国加入 WTO 以及国企改革进一步深化，实践中存在难以认定的情况。2003 年，国家统计局回复公安部《关于对国有公司企业认定意见的函》，将我国国有企业定义为广义和狭义两种。广义的国有企业指的是"具有国家资本金的企业，可分为三个层次：一是纯国有企业，包括国有独资企业、国有独资公司和国有联营企业三种形式，企业的资本金全部为国家所有。二是国有控股企业，根据国家统

---

① 陈晓星. 市场经济下我国国有企业概念的重新界定 [J]. 统计与决策，2006（7）：150–151.

计局《关于统计上国有经济控股情况的分类办法》的规定，国有控股包括国有绝对控股和国有相对控股两种形式。国有绝对控股企业是指在企业的全部资本中，国家资本（股本）所占比例大于 50% 的企业。国有相对控股企业（含协议控制）是指在企业的全部资本中，国家资本（股本）所占的比例虽未大于 50%，但相对大于企业中的其他经济成分所占比例的企业（相对控股）；或者虽不大于其他经济成分，但根据协议规定，由国家拥有实际控制权的企业（协议控制）。三是国有参股企业。是指具有部分国家资本金，但国家不控股的企业"[①]。国有与其他所有制的联营企业，按照上述原则分别划归第二、三层次中。狭义的国有企业仅指纯国有企业。2008 年 10 月 28 日通过的《中华人民共和国企业国有资产法》（以下简称《企业国有资产法》）界定了国家出资企业，指出国家出资企业是指"国家出资的国有独资企业、国有独资公司，以及国有资本控股公司、国有资本参股公司"。这表明，有相当一部分国有出资企业已经不属于国有企业了。但在国际经贸活动中，许多外国政府在面对"国"字企业的时候，仍然会产生抵触、不信任的心理，把它等同于政府机构，实际上是不了解我国的具体情况。

西方学者认为，作为国际投资法的主体，国有企业在国际法上享有比其他投资者更好的待遇，包括跨国公司待遇，甚至还能凭借其国有属性在国际法上享有豁免的权力。国有企业的国有属性使其在国际经贸活动中受到诸多潜规则的歧视，对中国国有企业尤其如此。本研究认为，这种差别对待的根源之一在于发达国家与发展中国家对国有企业理论认识上的差异，西方国有企业是建立在福利国家社会性质基础上的，这就决定了国有企业具有更深的国家属性。相比较来说，我国国有企业经过公司制改革之后，已成为具有独立法人地位的公司，基本符合西方

①《国家统计局关于对国有公司企业认定意见的函》（国统函〔2003〕44 号）[EB/OL].（2015-07-29）[2022-03-21]. http://zjzd.stats.gov.cn/tjfz/gzwj/201812/t20181220_91333.html.

现代公司治理规则，因此，理论上讲对我国国有企业实行歧视性对待缺乏根据。

二、竞争中性原则

竞争中性（Competitive Neutrality），也称为竞争中立，这一规则是一个"舶来品"，倡导消除国有企业在资源配置上的扭曲状态，确保私营企业与国有企业享有同等待遇，通过公平竞争配置资源，增强所有市场参与者的竞争力。目前，竞争中性尚未形成统一定义，在推广过程中由于理解和侧重点各有不同，可以概括为三种比较有代表性的版本，分别为以澳大利亚为代表的"澳版"、反映 OECD 组织观点的"OECD 版"，以及体现美国观点的"美版"。

（一）"澳版"竞争中性界定

所谓"澳版"的竞争中性观点，是指政府企业从事商业活动时因公共部门所有权地位而获得享有的竞争优势而私人竞争者不享有。显而易见，"澳版"竞争中性观点最重要的目标就是解决重大商业活动中的资源分配扭曲问题。

（二）"OECD 版"竞争中性界定

所谓"OECD 版"的竞争中性主张，是指任何企业实体在市场竞争过程中不能处于有利地位或不利地位，除非这种有利地位或不利地位不是因为所有权带来的。显而易见，"OECD 版"的竞争中性主张不仅没有简单地突出强调国有企业，而且关于主张的文字性表述也相对"中性"，普适性更强。

（三）"美版"竞争中性界定

所谓"美版"的竞争中性看法，是指政府支持的商业活动不能受益，除非这种受益的获取不是因为该商业活动同政府之间的关系。

从竞争中性观点的市场导向来看，"澳版"的竞争中性观点主要是针对国内市场的竞争，而无论是"OECD版"的竞争中性主张，还是"美版"的竞争中性看法，更多的是针对国际市场的竞争；从竞争中性观点的侧重层次来看，"澳版"的竞争中性观点更多的是强调实质的公平竞争，"OECD版"的竞争中性主张更多的是注重形式上的公平竞争，而对于"美版"的公平竞争看法而言，则更多的是强调自由的公平竞争；从竞争中性观点之于政府干预的看法来看，无论是"澳版"的竞争中性观点，还是"OECD版"的竞争中性主张，对于政府干预市场而言均持有较为正面的态度，而"美版"的竞争中性看法则正好相反，对于政府干预市场持明确禁止的态度 [①]。

审视以上三种代表性版本，进而建立适合我国国情的竞争中性原则，本研究认为竞争中性原则的真正内涵至少包括以下三个核心特征：一是竞争中性的核心在于"竞争"二字。竞争中性原则关心的是政府政策是否会有损竞争，破坏市场竞争机制，导致资源配置效率降低，表现出明显的竞争中性扭曲。二是争中性并不是排斥国有企业。竞争中性追求的是公平竞争，并非对国有企业设置障碍，主张政府在面对市场竞争这一问题上应该对国有企业、民营企业和外资企业一视同仁。三是竞争中性是一个多维度的概念。竞争中性概念的范畴并非仅限于国有企业、民营企业和外资企业之间是否公平竞争，而是涉及不同所有制性质、不同规模、不同行业企业的多维度概念。

三、公平竞争理念

将"公平竞争"拆开来看，公平是法律所追求的基本价值之一，在公平竞争的概念中彰显出工具论价值，表明通过规则的制定，促进实践主体利益在合理程度上得以实现，并能够使竞争得以充分而有效地展

---

①Gantz D A. The TPP and RCEP：Mega-Trade Agreements for the Pacific Rim[J]. Arizona Journal of International and Comparative Law，2016，33（1）：57.

开；而竞争描述的由获利目的所激发的市场主体之间的对抗过程，在公平竞争的概念中是核心构成要素，是市场发展的主要动力，竞争可以使产品和服务的质量得到提高，更好满足消费者的需求。公平竞争不仅是市场经济的基本原则，而且是市场机制高效运行的重要基础。[1] 公平竞争的开展、市场经济价值规律的有效发挥是需要公平的市场环境做支撑的，要求不受到政府的干预，享有充分的自由性与自主性。

在市场经济条件下，公平竞争是一个动态的过程，包括竞争起点公平、竞争过程公平、竞争结果公平三个方面。把竞争的整个动态过程划分为起点、过程和结果三个阶段，能够比较清楚地发现竞争过程中各个环节可能产生的不公平现象。[2]

（一）竞争起点公平

竞争起点公平是指竞争初始阶段各竞争者处于相对公平的竞争起点。它包含三个方面的要求：一是机会均等。竞争的客观存在和展开必须有一定的参照物，如当我们说某一类人的行为不公平时，通常会将其与他人的行为相比较。赋予竞争者进入市场的权力并不意味着经营者一定会进入市场，但是人为地剥夺其进入市场的权利，实际上是消灭潜在竞争者，从而使竞争无从展开，更谈不上公平竞争。二是机会有限。不能简单地将竞争机会均等理解为所有竞争者都有机会或每个竞争者都有机会。市场机制本身具有限制经营者进入市场的条件，如公司注册资本、公司结构等，客观上限制了一些潜在的经营者进入市场，这似乎是不公平的。但是，竞争机会公平并非如此理解，必要的限制是保证市场正常秩序必要的先决条件。如果让一个明显没有相应实力和资质的经营者进入某些特殊行业而不受限制，那最终将导致经营者的经营风险转嫁

---

① 翟巍. 公平竞争审查制度框架下环保豁免标准的阐释与重构 [J]. 竞争政策研究，2019（2）：15-24.

② 李翃楠. 国企改革：公平竞争视角下国有企业改革法律问题研究 [M]. 上海：复旦大学出版社，2017.

给行业内其他企业，乃至整个社会。因此，竞争机会均等表明能力相等、意愿相同、机会有限的人有权参加与自己能力和意愿相匹配的活动。如果能力相等、意愿相同的人中，只有一部分人有权参加他们想要参加的活动，而另一些人没有这样的机会，那就是机会不公平。[①] 三是竞争起点阶段，竞争者客观差异可能导致竞争不公平。人生而平等是自然法则中无须证明的真理，但是这代表的只是形式上的公平，实质上的公平还要考虑个体之间差异的事实。

竞争主体之间竞争能力的差异很大程度上是由竞争主体之间非合理性"资源占有量"的差异决定的。这种差异将导致市场竞争起点的不公平。此处，"非合理性"说明某些特定主体可以借助国家公权获得更多的竞争优势，存在不合理因素；但由自然条件、规模因素等合理因素造成的资源占有量的差异，则属于"合理差异"，应予以承认。

（二）竞争过程公平

竞争过程公平一般是对市场参与者进行竞争规则的规范，公平地适用竞争规则。竞争起点公平解决的问题在于赋予符合条件的竞争者进入竞技场的同等权利，使他们能够参与市场竞争。竞争过程公平，一方面需要合理的竞争规则，另一方面公平合理的竞争规则可以统一平等地适用，不能存在例外。

（三）竞争结果公平

与竞争起点、竞争过程相比，竞争结果的公平性判断更为困难。值得注意的是，竞争结果公平并不意味着公平竞争。计划经济时期，社会过分强调平等，导致平均主义、效率低下，经济发展缓慢，长期处于低水平或贫困状态。[②] 竞争的意义在于能够客观地实现优胜劣汰，从而实现市场经济条件下资源的优化配置。因此，竞争结果公平应该是指竞

---

① 徐梦秋. 公平的类别与公平中的比例 [J]. 中国社会科学，2001（1）：35–43.

② 吴忠民. 公正新论 [J]. 中国社会科学，2000（4）：50–58.

争结果与努力成比例的"按劳分配"。要判断竞争结果是否公平，必须考虑到竞争者付出多少努力与获得回报之间的关系。经济学中关于经营者努力与回报关系及其比例的研究很多，但是经济学研究范式建立在多种前提条件的基础之上，排除了不同变量因素，即便如此，得出的结论与实际情况仍存在差异，而现实的复杂性远远高于经济学模型。即使得出努力与回报成正负关系的结论比较简单，也很难判断努力程度和收获的具体比例。另外，仅从竞争结果上干预竞争，很难达到整体竞争公平。究其原因，是竞争结果公平常常与竞争起点公平、竞争过程公平相混淆，无法精确衡量竞争结果，而在现实层面上对竞争结果进行干预，往往会产生矫枉过正的负面影响。因此，要实现竞争结果的公平，必须保证竞争起点与过程的公平。

在国有企业改革中引入公平竞争理念，既要减少政府干预，又要减少国有企业和政府之间的双向寻租机会，有利于优化社会资源配置，提高社会整体经济效率，增加国有企业的压力和活力，从而提高国有企业效率。

第二节　基础理论分析

国企条款的形成有着比较充分的理论基础，主要是政府与市场关系理论、霸权稳定理论和国际规范生命周期理论。

一、政府与市场关系理论

"国家与市场先天相斥"是把国家与市场视为两种相互排斥的资源分配机制的思维预设。[①] 根据这一假设，国家和市场之间只有一个单维

---

① 车路遥. 市场经济的法律尺度：结构分析与评判 [J]. 法学评论，2021，39（5）：70–86.

度的关系：纯粹的计划经济和完全由市场发挥作用的市场经济是两个层次（见图2-1）。任何一个经济体根据国家干预市场的强弱程度均处于这个单维水平轴上的某一点。

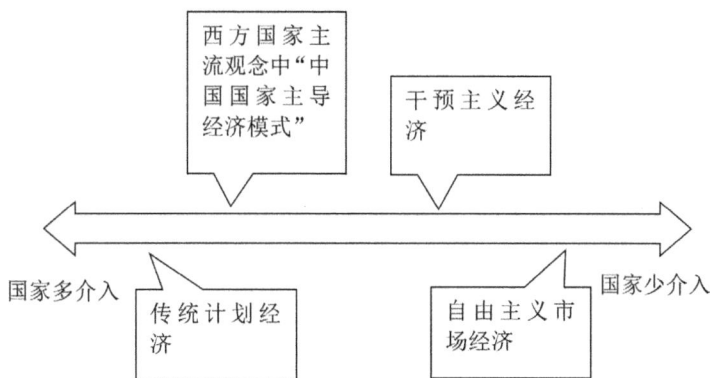

图2-1　单维度国家与市场关系

资料来源：笔者绘制。

"国家与市场先天相斥"所基于的前提是国家影响资源分配方式的单一性。但是，现代国家参与市场资源配置的过程并不统一，国家参与市场的方式多种多样，不同国家参与市场规律的程度，即与市场机制的相容程度不同。以经过持续市场化改革后的现代中国经济模式为例，除了以行政主体或立法主体等规则制定者的身份直接抵消市场作用这种"外力模式"以外，还包括将自己深入市场机制当中，利用价值规律进行投资和商业决策，从而以不损害市场机制运行的方式来参与经济运作。因此，要描述现代国家的多种经济模式，仅靠单一维度横轴是不够的，至少要有二维坐标轴：第一个维度是依靠公权力这类外力还是依靠市场来分配资源；第二个维度是经济制度是以公有制为主还是以私有制为主（见图2-2）。这两个维度之间并没有必然而直接的关系。在公有制基础上建立起来的市场主体，通过现代公司治理模式，利用市场机制参与资源分配过程中，这种可能性不能被某些假设直接抹杀。此外，国家干预应该包括"促进市场的国家干预"和"扭曲市场的国家干预"两种类型。因为国家治理已经渗透到经济生活的各个方面，即便是传统崇尚自由放任式的资本主义国家也无法否认政府干预的重要性和必要性。

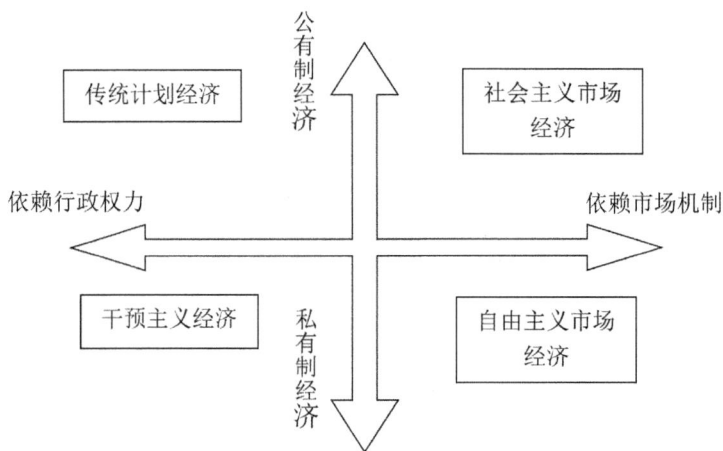

图2-2　更为现实的二维度国家与市场关系

资料来源：笔者绘制。

一方面，将二维或多维经济关系简单化和单向化为单维度经济关系，无异于"降维打击"。这种降级做法本身就缺乏根据，因为它有意无意地忽视了国家和市场之间可能存在互补性关系，而不是相互排斥。另一方面，在法律上，发达国家将自己认为是"市场必需"的干预政策设置为"排除适用"或者"豁免条款"。如2003年，美国在多哈回合谈判中提出了一份题目为《补贴纪律需要澄清和优化》的文件，即将金融机构的行为等问题排除出其讨论的补贴范围之外。在美国曾经主导形成的CPTPP国有企业章节中，至少有以下几种不适用国企约束纪律情形：排除了地方国有企业、危机救助行为、养老金。上述规则的主张和设立体现了如下逻辑：某些形式的政府干预是市场内在需要的，而另一些形式则违背了市场规律。但是，关键是谁有资格和能力去解释哪些形式的政府干预与市场相符。目前，美西方国家的金融审慎、危机救助、指定垄断等被认为是市场的必要条件，而我国国有企业作为现代企业参与竞争和国家宏观规划的引导则自然而然地被排除在市场之外。应倡导各方去重新思考国家与市场的关系，去反思这种"促进市场的国家干预"和"扭曲市场的国家干预"二分法划分的合理性。

二、霸权稳定理论

新现实主义流派代表罗伯特·吉尔平[①] 提出霸权稳定论，详细阐述了霸权国家对国际贸易规则的影响。该理论认为，霸权国通过嵌入有利于自身利益的条款来控制国际秩序。霸权国致力于在全球市场上获得经济优势，并通过国际经济规则和制度为霸权国获取经济影响力提供保障。按照霸权稳定理论的逻辑思路，国际体系的稳定必须通过双边多边规则、区域性条约规则体系来建立和保障，只有霸权国掌握了规则的议题和内容，才能有效地影响国际社会。

霸权稳定理论有助于解释国际经贸规则中国企条款的成因和形成，但是该理论无法为我国国有企业"走出去"、应对国际规则中的国企条款提供有力的理论指导。霸权稳定理论从某一国家国际规则的路径出发，阐释了霸权国家如何推动国际规则，主导有利于自身利益的国际规则的形成。如 TPP 规则最初是由智利、新西兰和文莱达成的小型经济贸易合作协议，但霸权国美国于 2009 年 10 月宣布加入 TPP，将 TPP 视作为新一代国际贸易投资规则。在美国的鼓动和引导下，日本、越南等国相继加入 TPP。最终，TPP 将符合美国利益的相关条款，如国有企

---

① 罗伯特·吉尔平著. 国际关系政治经济学 [M]. 杨宇光，等，译. 北京：经济科学出版社，1989.

业条款、知识产权、劳工权益等议题纳入其中，而达成规则的方式清楚地体现了霸权国美国主导规则的模式和路径。

然而，霸权稳定理论强调霸权国必然衰落与当前国际形势的现实不相符，缺乏对霸权国滥用霸权地位破坏规则的解释，也缺乏相应的应对策略。自特朗普政府上台后，美国将重点从多边谈判，转而利用自己的力量使谈判对象接受美国开放市场、保护美国利益的相关要求，通过双边 FTA 来牢牢控制国际贸易规则。美国开启了各种"退群"模式，先后退出了 TPP、《巴黎气候协定》、《全国移民协议》、《伊朗核协议》等，无视 WTO 贸易规则，多次单方面宣布对欧盟加征关税，成为国际贸易规则的破坏者。美国的行为说明了其仅仅把国际经济贸易规则视为实现自身战略的工具，预示着美国霸权国地位的衰退。霸权国可以随意修改和变更国际规则，国际规则只是他们实现霸权和利益的工具，有用的时候霸权国遵守规则，无用的时候霸权国随意废弃规则。如何应对这一问题，霸权稳定理论显然没有提供更多的思路。

此外，霸权稳定理论认为国际规则的运行完全取决于霸权国的实力[①]，它否定了在霸权国衰败后维持国际贸易规则的可能性。在美国退出 TPP 后，对于其他成员国继续致力于开放市场、维护 TPP 规则发挥作用的现实缺乏解释力，更谈不上对于当前持续有效的 CPTPP 的解释。不仅如此，面对逆全球化思潮，国际社会并非无所适从，一些国家正在推动区域合作，努力走出经济低迷的泥潭。我国推动"一带一路"倡议超出预期进展。在达沃斯论坛上，习近平主席对经济全球化的捍卫态度，表明了霸权国即使在特定历史时期地位衰退，国际规则自身的发展规律依然存在，并不是完全由霸权国所掌控并随意废弃。

---

① 门洪华. 和平的维度：联合国集体安全机制研究 [M]. 上海，上海人民出版社，2002.

三、国际规范生命周期理论

20世纪末，国际关系学中的建构主义学派提出了"生命周期理论"以解释国际规范的形成，认为国际规范的形成包含规范兴起、规范扩散和规范内化三个阶段。[①] 首先，规范兴起者确定安全威胁之后通过提出规范，成功启动了消除威胁的安全化过程，即规范兴起。规范兴起者既可以是国家，也可以是国际组织。其次，规范兴起者通过政治影响、经济压力和国际关系推动等举措将规范在区域和全球范围予以普及，使得其所提出的安全威胁观念获得一些重要的关键国家支持，其表现形式可能是形成了相关国际协定，即规则扩散。最后，规范兴起者和跟随者通过法律程序将规范具体化为各国的国内法和各种制度而获得合法性，在国际社会内部形成一种更广泛接受的规范，内化为一种国际社会的文化或价值观，即规范内化。[②] 国际规范生命周期理论有助于更加科学地看待当前国有企业的国际规范，并扩大与之相对应的理论研究边界。

在国际规则中国企条款的规范兴起阶段，一是美国作为单个国家成为积极的规范倡导者。美国贸易代表办公室在多个场合指责中国使用国有企业来补贴和扭曲经济，而WTO的司法实践更是破坏了WTO规则，使其无法有效抵制损害美国工人和企业的行为。美国决心采取一切必要措施，确保公平竞争，使中国及其国有企业不再伤害美国工人和企业。此外，美国在CPTPP、USMCA等国际贸易协定中设计了高标准的国企纪律。二是OECD作为国际组织在2005年开始就对国有企业加以关注，发布了一系列关于国有企业公司治理的研究报告，在2011年起

---

① Finnemore M, Sikkink K. International norm dynamics and political change[J]. International organization, 1998, 52（4）: 887-917.

② 潘亚玲. 国际规范的生命周期与安全化理论——以艾滋病被安全化为国际威胁为例 [J]. 欧洲研究, 2007（4）: 68-82.

研究重点从公司治理向竞争中性原则转变，并逐步转向关注国有企业对国际市场的影响。OECD 将竞争中性原则作为国有企业国际规范的初步核心内涵。

在国际规则中国企条款的规范扩散阶段，美国、欧盟、日本、加拿大、澳大利亚等在全球经济体量较大的主要规范倡导者通过双多边贸易协定不断推动有关国企纪律的国际规范化进程，这在一定程度上已经实现了规范的扩散。然而，拥有较多国有企业的发展中国家对此问题并未表现出过多的纠缠，这可能源于规范扩散中更易达成一致并实现扩散的规范是谋福利条款（如禁止化学武器规则）和提高法律上机会平等的规范（如妇女选举权规范），而因意识形态差异而引发的制度差异方面的规范是不易形成扩散的。

在国际规则中国企条款的规范内化阶段，美国、欧盟、日本等在国际社会中起着举足轻重作用的经济体试图利用其国际影响力推广其国内法律概念，然而当前国际规则中有关国企条款仍然充满争议，远未达到内化的阶段。在处理国有企业这一涉及我国宪法的基本问题时，理论概念"殖民"显然不可行。

第三节　文献综述

一、现有研究的分布情况

基于中国知网的四个数据库，以 2012—2021 年为考察期，以"国际规则""国企条款"为主题词进行搜索，查找到文献共计 2617 篇，其中学术期刊 2041 篇、学位论文 370 篇、会议论文 74 篇、报纸 132 篇。通过对文献发表时间的统计分析，可以了解当前相关研究的发展趋势，如图 2-3 所示。

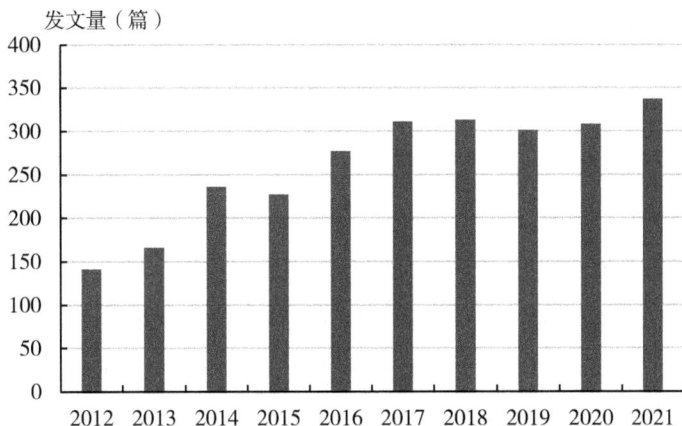

图 2-3 现有文献的年份分布

资料来源：笔者绘制。

从发文量来看，从 2012 年开始关于国际规则中国企条款的研究进入快速发展期，2017 年至今总体上是研究的踊跃阶段，虽出现小幅度波动但总体趋势稳定。2021 年文献发表量为 337 篇，为十年来之最，掀起了有关国际规则中国企条款的研究高潮。

二、国内外现有研究综述

纵观国内外相关文献，可以根据学者不同的研究侧重点分为三类：第一类研究主要侧重于国际经贸规则中国企条款本身，包括国际经贸规则中国企条款的分析、理论与实践等；第二类研究主要侧重于国际经贸规则中国企条款背后的战略意图，包括国际经贸规则中国企条款的时代背景、演变趋势及战略意图等；第三类研究侧重于国际规则中国企条款对我国国有企业带来的影响及改进建议。

（一）基于国际经贸规则中国企条款本身的研究

一是围绕竞争中性展开研究，主要研究竞争中性原则的历史渊

源、发展进展以及在当今国际贸易规则中的应用。西方学者 Virtanen &
Valkama[1]（2009）分析了国际市场竞争秩序扭曲和竞争中性原则对构建
国际竞争秩序的重要意义。Rennie & Lindsay[2]（2011）详细阐述了澳大利
亚联邦和州两个层面的竞争中性政策框架，详细介绍了澳大利亚实施竞
争中性原则的途径、法律框架和运行机制，以及澳大利亚竞争中性原则
的实施情况。OECD[3]（2011）提出，为避免扭曲市场竞争，政府应确保
国有企业与私有企业公平竞争，国有企业治理必须与经合组织公司治理
标准相适应。经合组织系列报告虽然对国家没有强制约束力，但由于其
特殊的国际组织地位和对国际软法形成的影响，其已成为国际规则的有
力推动力。我国学者唐宜红和姚曦[4]（2015）指出，为了避免西方国家
利用所有权优势来限制我国国有企业的海外投资经营活动，应在所有制
结构多元化方面大力推行混合所有制改革。竞争中性原则的概念内涵、
政策目标、历史和发展趋势等问题是这类的研究热点，它是研究国企条
款的理论基础，也是理解国企条款历史渊源的积极因素。但是，我们应
该看到，国企条款来源于竞争中性规则，而非等同于竞争中性规则。竞
争中性规则是国企条款的理论基础，但是国企条款的内涵和外延比竞争
中性规则更为丰富、规则更具体、适用范围更广。仅对竞争中性规则进
行研究，很难揭示国企条款的全貌。

二是对某一国际贸易规则中的国企条款进行专题研究。我国学者

---

[1] Virtanen M, Valkama P. Competitive neutrality and distortion of competition: A conceptual view[J].
World, 2019。

[2] Rennie M, Lindsay F. Competitive neutrality and state-owned enterprises in Australia: Review of
practices and their relevance for other countries[R]. 2011.

[3] Capobianco A., Christiansen H. Competitive Neutrality and State-Owned Enterprises: Challenges
and Policy Options[J]. OECD Corporate Governance Working, 2011

[4] 唐宜红，姚曦. 混合所有制与竞争中立规则——TPP 对我国国有企业改革的挑战与启示 [J].
人民论坛·学术前沿，2015（23）：61-73.

顾敏康和孟琪[①]（2014）以美国主导的 TPP 协议为研究对象，通过介绍和讨论 TPP 中国企条款，进而对我国可能产生的直接或间接影响进行分析。陈汉和彭岳[②]（2018）分析了 TPP 国有企业规则的理论基础，TPP 国有企业规则对竞争中性的强化，以及国有企业规则概念和适用例外、非商业援助制度、透明度要求、清晰管辖权和公正监管相关概念，总结了 TPP 国有企业规则对我国的影响及对策。这类研究具有较强的实践性和现实性，主要关注国企条款的最新表现形式，但对国企条款的历史和演变过程未作系统的研究，给人以一种只见树木不见森林的感觉。

三是通过比较多个国际贸易规则对国企条款进行研究。Willemyns[③]（2016）阐述了国有企业的特征和先天竞争优势，分析了国际法必须对国有企业进行必要规制的原因，提出了现行国有企业规则存在的问题，提出了未来国有企业国际规则发展需要解决的问题，包括定义范围、透明度、主要权利和义务、强制性和证券解决机制。张久琴[④]（2019）主要研究美欧近年来签署的 CPTPP、USMCA 和 EJEPA 协议，发现这些协议无一例外地都包含国有企业章节，而且美国和欧盟对"国有企业"的基本立场都强调基于开放、公平和竞争性的国际市场；协议的具体条款也体现出高度一致性。例如，这三个协议在内容上几乎一致地界定了什么是商业活动、商业考虑、指定垄断、被授予特殊权利或特权的企业和国有企业。沈伟和方荔[⑤]（2022）以 CPTPP、USMCA、EJEPA、EVFTA 为

① 顾敏康，孟琪 .TPP 国企条款对我国国企的影响及对策 [J]. 中国政法大学学报，2014（6）：145–156.

② 陈汉，彭岳 .TPP 关于国有企业的规则研究 [J]. 北京化工大学学报（社会科学版），2018（1）：58–64.

③ Willemyns I. Disciplines on state-owned enterprises in international economic law：Are we moving in the right direction？[J]. Journal of International Economic Law, 2016, 19（3）：657–680.

④ 张久琴 . 竞争政策与竞争中立规则的演变及中国对策 [J]. 国际贸易，2019（10）：27–34.

⑤ 沈伟，方荔 . 从接受到"接合"：国有企业国际规制的中国话语转变 [J]. 国际经济法学刊，2022（1）：34–50.

主要研究对象，通过梳理国有企业国际规制的演进脉络和时代特征，发现在美欧主导下，国企条款逐渐成为一种新型的国际贸易规则，对构建公平市场环境和国企参与国际经济活动提出了更高的要求。其中，非商业援助条款、商业考量、非歧视义务、透明度义务是 WTO 规则对国企和补贴议题的强化和扩展；监管中立与公司治理起源于 OECD 的指导性建议，正经历着软法硬法化的转变，目前虽仍以宣示与倡导为主。

（二）基于西方推行国企条款背后的战略意图研究

多数研究认为，美国是国企条款的重要推手，存在遏制中国发展的意图。西方学者 Scissors[1]（2013）指出，国有企业对国际投资贸易自由化构成了巨大的威胁与挑战，而竞争中性原则的目的在于应对这些挑战，限制国有企业对自由经济秩序造成的危害。然而，一些现有的竞争中性规则明显存在不足，因此美国应强化竞争中性原则，加强对国有企业的规制。陈志恒和马学礼[2]（2015）认为，在竞争中性原则博弈的背后，是中国经济与美国经济发展模式的较量，是自由资本主义与国家资本主义的对抗。应品广[3]（2015）认为，在国际规则中国企条款的演变过程中，美国推行这一制度的目的在于遏制所谓的"国家资本主义"，因为其认为"国家资本"是唯一能够与私人资本相抗衡的力量。姜舰、郑伟和王翔[4]（2016）指出，美国在国际经济贸易规则中强调对国有企业实施规制有深层的内因和外部原因。其中，外部原因在于世界主要发达国家在金融危机后经济复苏缓慢，内部原因是美国把非市场经济体视

①Scissors D. Why the Trans-Pacific Partnership Must Enhance Competitive Neutrality[J]. Backgrounder, 2013, 2809（6）：1-5.

②陈志恒，马学礼. 美国"反国家资本主义"思潮：缘起、政策实践及战略意图 [J]. 国外社会科学，2015（5）：77-85.

③应品广. 竞争中立条款与国企改革 [J].WTO 经济导刊，2015（3）：85-87.

④姜舰，郑伟，王翔. 美国竞争中立政策的战略目的及对中国的影响 [J]. 上海经济研究，2016（4）：62-68.

为本国制造业的巨大挑战。彭波[①]（2020）认为，美国推行国有企业条款具有很强的政策内涵，其目的并非单纯追求公平竞争环境，而是打击其他国家的竞争优势，变相实施贸易保护主义，维护自身在国际经济秩序中的主导地位。

还有一些研究认为，国际规则中国企条款反映了国家间的制度竞争。我国学者东艳和张琳[②]（2014）分别从宏观和微观角度分析，认为在宏观层面上，全球经济格局的变化，其中竞争中性成为全球贸易和投资规则的标杆；在微观层面上，该制度能够限制发展中国家的国有企业，进而提升发达国家的竞争力。冯辉[③]（2016）从制度竞争角度分析了竞争中立原则迅速发展的原因，认为竞争中立原则反映了国家间的制度竞争，新时期各国围绕竞争中立原则展开了一场国际规则争夺战。

（三）国企条款对我国国有企业带来的影响及改进建议

胡改蓉[④]（2014）通过对国有企业相关规则的研究，对我国国有企业的具体制度设计进行了探讨，认为我国国有企业仍具有较大的竞争优势，并提出目前国企改革应立足于当前经济发展的实际。倪萍和朱明鹏[⑤]（2015）指出，我国应加快国有企业公司化、市场化改革，以应对竞争中性原则给我国带来的负面影响。石嘉莹和黄琳琳[⑥]（2015）分析

---

① 彭波，韩亚品. 竞争中性、国企改革与市场演化研究——基于国际博弈的背景 [J]. 国际贸易，2020（3）：14–20.

② 东艳，张琳. 美国区域贸易投资协定框架下的竞争中立原则分析 [J]. 当代亚太，2014（6）：117–131.

③ 冯辉. 竞争中立：国企改革、贸易投资新规则与国家间制度竞争 [J]. 环球法律评论，2016，38（2）：152–163.

④ 胡改蓉. 竞争中立对我国国有企业的影响及法制应对 [J]. 法律科学（西北政法大学学报），2014，32（6）：165–172.

⑤ 倪萍，朱明鹏. 竞争中立对我国国有企业的影响及法制应对 [J]. 天水行政学院学报，2015，16（1）：103–106.

⑥ 石嘉莹，黄琳琳. 基于经济法价值视阈探析竞争中立原则的制度价值及在中国的实现路径——以上海自贸区的金融改革为样本 [J]. 上海金融，2015（11）：84–90.

了上海自贸区引入竞争中立规则的可行性，评价了上海自贸区现行制度对竞争中立规则的实践，一方面肯定了上海自贸区的先行示范作用，另一方面提出了上海自贸区作为试点实施竞争中立规则的路径。田丰[①]（2016）介绍了有关国有企业国际规则的基本框架及主要特征，主要涉及多边贸易规则、区域经济贸易规则以及 TPP 协定，并提出中国应推动国内改革与国际接轨。杨秋波[②]（2018）认为，为应对国际贸易协定中国企业条款所带来的挑战，应正确认识和对待国际协定中的国企条款，建设符合国际经济贸易规则发展趋势的国有企业制度体系，完善国内竞争法律法规，加快区域经济一体化建设进程，加快"一带一路"建设进程。孙瑜晨[③]（2019）参考了新兴经济体如印度、南非和马来西亚的经验，认为中国应对国企条款的宏观立场必须坚持所有制中立原则，采取渐进式、嵌入式的改革路径，通过"一带一路"倡议来重塑竞争中性的国际规则；具体路径上，应围绕分类改革、反垄断法、内部结构优化与外部环境塑造两条脉络不断深化国企竞争中性改革。

三、现有研究的不足之处

国内外相关研究为本课题的后续展开奠定了良好的基础，但现有文献聚焦国际规则中国企条款与我国国有企业改革的研究仍处于起步阶段，研究不多不深，尚存改进之处。

第一，已有研究多从经济法学、国际经济学、政治经济学等视角出发，基于管理学和传统经济学理论，从制度视角对国有企业与国际规则中国企条款相关问题的关注相对较少。中国经济体制改革历来是通过

---

① 田丰. 国有企业相关国际规则：调整、影响与应对 [J]. 国际经济合作，2016（5）：4-11.

② 杨秋波. 国企条款透视：特征、挑战与中国应对 [J]. 国际商务（对外经济贸易大学学报），
　2018（2）：123-131.

③ 孙瑜晨. 国企改革引入竞争中性的正当性及实现路径——以新兴经济体的实践经验为镜鉴
　[J]. 北方法学，2019，13（6）：135-146.

制度建设和实施来完成的，国有企业作为经济体制改革的中心环节，相应的也需要从制度层面上加以阐述和研究。

第二，部分研究已不适应新形势下国企改革的需要。国有企业改革是一项复杂的世界性难题，尤其是在我国国有企业数量庞大的情况下，国企改革可以说是牵一发而动全身。当前，我国经济发展面临着需求收缩、供给冲击和预期减弱三重压力，经济体制改革已进入攻坚期和深水期，转变经济发展方式、完善市场经济体制、发挥市场决定性作用是新阶段改革的总目标。40多年来，国有企业改革取得了显著成绩，但并不意味着改革已经接近尾声。随着市场经济的不断发展，国有企业公平竞争问题逐渐突显出来。

第三，从公平竞争的角度来看，相关研究多限于现象描述，缺乏解决办法。在解决国有企业问题上，只提出了一些原则上的建议，缺乏结合新时代背景聚焦新一轮国企改革重点任务的考察，应对举措落地的实践性和应用度尚存在不足。有必要重点分析、全面梳理制度，以构建统一适用于市场主体的公平竞争规则，并提出相关改革建议。

本书立足于推进新一轮改革开放和建设成熟定型社会主义市场经济体制的背景，挖掘和梳理了管理学和传统经济学理论中有关国际规则中国企条款的论述，展开国有企业竞争中性水平的评估和对比，尝试性构建国有企业竞争中性新范式，提出新时代我国国有企业应对有关国企条款的政策选择和具体路径。

第三章　国际规则中国企条款的演进脉络

本章从历史纵深视角出发，将国际规则中国企条款的演进历程划分为 GATT 时代、WTO 时代以及后 WTO 时代三个阶段。进一步地，本章总结国际规则中国企条款的特征，特别是对当前国际规则中国企条款集中表现为的竞争中性原则进行详尽分析，在此基础上，分析中国国有企业面对国企条款的挑战与机遇以及我国对国企条款的态度转变。

第一节　GATT 时代：所有制中性的共识

从第二次世界大战结束到 1995 年 WTO 正式成立，国际经贸规则的形成路径主要是通过《关税和贸易总协定》（General Agreement of Tariff and Trade，简称 GATT）历时多年的八轮贸易谈判完成的。第八轮乌拉圭回合谈判前，政策的国际协调主要围绕货物贸易市场准入与关税政策相关议题展开。虽然从理论上看，国有企业参与国际贸易和投资活动会带来与私营企业不同的挑战，但在中国申请加入 WTO 之前，这种挑战并不是一个被广泛关注的问题。第二次世界大战之后，在西方国家主导下建立起来的全球贸易体系，主要考虑的是私营企业。

1947 年 10 月，由 23 个国家签署的 GATT，即 WTO 的前身，奠基于一种"核心—外围"结构：美西方国家是核心，其他发展中国家是外围。美西方国家之间遵循已经相当成熟的一套规则，而对经济规模相对较小的发展中国家，则按"特殊和有差别"的原则放宽标准。从字面上看，所有文本中只有 GATT 第十七条国营贸易企业条款与国有企业直接相关。

在曾经执行计划经济的国家中，捷克斯洛伐克和古巴是 GATT 的创始国，南斯拉夫、波兰、罗马尼亚、匈牙利四国后来也加入了 GATT。为了包容它们的经济体制，波兰、罗马尼亚和匈牙利加入 GATT 的议定书都包含了专门的条款，但其中没有任何关于国有企业的纪律要求。苏联、中国和其他执行计划经济的国家长期与西方主导的全球市场处于分割状态，其国有企业多数没有机会参与全球市场的贸易和投资活动。冷战结束后，除中国和越南外，苏联和中东欧等执行计划经济的国家大多对国有企业进行了大规模私有化，有的还加入了欧盟。因此，在中国加入 WTO 之前，国有企业参与全球贸易体系所带来的挑战并没有引起广泛重视。

第二节　WTO 时代：公共机构认定的碰撞

1995 年 1 月，世界贸易组织正式开始运作。新成立的 WTO 不仅具备了较为完善的货物贸易规则体系，也初步确立了服务贸易、投资以及与贸易有关的知识产权领域的规则框架和原则，并奠定了全球经贸规则体系的基石。WTO 规则的基石是市场经济，而私营企业是市场经济的标志。WTO 的最终功能是减少由政府设置的扭曲壁垒和障碍。由所有制不同所引起的竞争是 WTO 起草者并没有想到也无暇顾及的，经过八轮艰苦谈判的谈判者不愿意也不可能彻底破坏谈判成果。"所有制中性"（Ownership neutrality）是 WTO 的立制哲学，也是 GATT 时代延续下来的成员国共识。这是因为，现代国际法所设立的"不干涉内政原则"给予"每一国均有选择其政治、经济、社会及文化制度之不可转让之权利，不受他国任何形式之干涉"，WTO 遵守该原则，不要求成员国设立或改变其经济体制。

在这一时期，WTO 在实践中主要聚焦于国有企业是否是补贴与反补贴（SCM）协定中的公共机构，一旦被认定为公共机构，很可能认定存在补贴行为（陈瑶和应力[①]，2022）。SCM 协定第一条第一款规定，"在一成员国领土内，存在由政府或任何公共机构提供的财政补助"即可能被判定为存在补贴。目前，WTO 法律文本中虽未涉足这一问题，但是在实践中，如在韩国商船案、中美"双反"措施案、美国热轧钢板案和美国进口管线案等中就某一实体是否构成"公共机构"进行过多番辩论。

一是政府控制标准。韩国商船案中，欧盟认为由于韩国政府控制着韩国进出口银行的决策权，所以认定其为公共机构，专家组赞同欧盟的观点，裁定其为公共机构。

二是行政政府职权标准。后来，中美"双反"措施案中，上诉机构推翻了专家组对公共机构的"政府控制"的认定标准，改为"享有、行使或授权政府权力"标准，即否认了原专家组所提出的任何由政府控制的实体即可以被认定为公共机构，明确只有享有、行使或授权政府权力的实体才属于公共机构。

三是"有意义的控制"证据。中美"双反"措施案中的上诉机构又将行使政府职权标准绕回到政府控制标准上，并提出"有意义的控制"证据，即政府对一实体进行了有意义的控制可以在某种情况下作为该实体享有和行使政府职权的证据。但是，上诉机构为了掩饰其逻辑混

---

① 陈瑶，应力. 非商业援助条款对国企补贴规制与中国因应策略 [J]. 经济纵横，2022（3）：79-86.

乱和反复无常，又多次强调，政府是某一实体的多数股东并不足以证明政府对该实体进行了有意义的控制，一个实体是不是公共机构必须根据个案进行确定，需考虑相关实体的核心特征和功能，其与政府的关系以及涉及国家的法律和经济环境。在美国进口管线案中，美国商务部在认定公共机构时，认为土耳其军队养老基金 OYAK 是 Erdemir 公司的多数股东，而 Erdemir 公司拥有 Isdemir 92% 的股份，据此美国商务部认为土耳其政府对这三个实体均行使了"有意义的控制"，从而认定 Erdemir 和 Isdemir 两家公司为公共机构。

第三节 后 WTO 时代：竞争中性的困境

21 世纪以来，WTO 多边贸易规则体系正面临着前所未有的危机。WTO 起草者在 20 世纪无法想象 21 世纪的国有企业将会在全球市场上占据如此大的体量，因此没有为其成员描述任何特别的经济体制，其所设定的义务也与贸易的所有制无关。在多边规则体系步履蹒跚的情况下，发达经济体国家开始寻求区域和双边贸易谈判的帮助，规则的国际协调广泛地扩展至服务、投资、竞争政策以及国有企业等领域。国际经贸规则的一贯引领者美国推出了竞争中性原则，这一原则起初是澳大利亚国内竞争法中的概念，后经 OECD 的研究推广得到关注，2011 年以来被时任美国国务院负责经济、能源和农业事务的副国务卿罗伯特·舒马茨将其应用至 CPTPP、USMCA 等双多边经贸规则之中，成为国际经贸规则重构中的重要议题。自 20 世纪 90 年代在澳大利亚国内系统实施，"竞争中性"大致经历了国内实践、国际组织跟进研究、进入国际经贸协定的三阶段演变历程，相应地可归纳为国内制度、国际软法和国际规则这三个递进发展的版本（见图 3-1）。

1.0 版本： 澳大利亚国内规则 （1990—2005 年）	2.0 版本： 国际组织跟进研究 （2005—2015 年）	3.0 版本： 双多边自贸协定规则 （2015 年至今）
● 1991：实施国家竞争政策 ● 1992：成立竞争政策审查委员会 ● 1993：《国家竞争政策审查报告》 ● 1995：《竞争原则协定》《行为准则协议》《实施国家竞争政策和相关改革的协议》 ● 1996：《联邦竞争中性政策声明》 ● 1998：成立澳大利亚联邦政府生产力委员会 ● 2003：澳大利亚—新加坡 FTA 中纳入"竞争中性"条款 ● 2004：发布《澳大利亚政府对经理人的竞争中性指引》 ● 2005：国家竞争政策改革取得良好成效	OECD ● 2009：《国有企业与竞争中性原则》 ● 2011：《澳大利亚的竞争中性和国有企业：实践回顾及对其他国家的启示》《竞争中性和国有企业——挑战和政策选择》 ● 2012：《竞争中性：各国实践》《竞争中性：维持国有企业与私有企业公平竞争的环境》《竞争中性：经合组织建议、指南与最佳实践纲要》 ● 2013：《国有企业：贸易效应与政策影响》 WTO ● WTO 文本中没有直接明确的针对国有企业的条款，但某些协定包含了类似含义 UNCTAD ● 2010：成立政府间竞争政策和法律的专家组	CPTPP ● 2015：第二十六章"竞争政策"规定了竞争中性相关内容 ● 2017 年美国退出 TPP 后，日本接棒继续推进 CPTPP，完全保留第十七章"国有企业与制定垄断" USMCA ● 2018 年 11 月正式签署，第二十一章"竞争政策"和第二十二章"国有企业与指定垄断"等涉及竞争政策和国有企业的规定与 CPTPP 基本一致 EJEPA ● 2018 年 7 月正式签署，第十一章"竞争政策"、第十三章"国有企业、被授予特殊权利或特权的企业和指定垄断"，条款具体内容与 CPTPP、USMCA 相比对国有企业定义和涵盖范围不同、适用门槛略有差异 EVFTA ● 2019 年 6 月正式签署，第十一章内容为国有企业规则，借鉴了 CPTPP 内容

图 3-1　竞争中性原则的发展历程

资料来源：笔者绘制。

一、竞争中性的 1.0 版本——澳大利亚国内规则

"竞争中性"概念最早由澳大利亚新南威尔士大学的希尔默（Hilmer）教授明确提出并执行。20 世纪 90 年代，澳大利亚为缓解国内市场竞争不足等导致的种种问题，推进包括国企改革在内的国家竞争政策改革。在此过程中，开始出台包括竞争中性原则在内的一系列措施法案，1996 年澳大利亚的《联邦竞争中性政策声明》确立了国企公司制改革、税收中性、债务中性、监管中性、盈利率要求、价格反映成本等衡量竞争中性的六点关键原则。

1995 至 2005 年，澳大利亚启动为期十年的国家竞争政策改革计划，在水力、电力、天然气和交通等公共事业和基础设施领域推进竞争中性改革并配套奖励政策取得成效：竞争中性改革使澳大利亚的 GDP 上升了 2.5%；改革之后的澳大利亚公共部门，与同类国家相比更有效率。2010 年，世界银行对各国公共部门效率的衡量排名中，澳大利亚位列 OECD 国家第九位。

澳大利亚实施竞争中性，注重在宏观层面构建政策法规体系、成立相关机构（如澳大利亚生产力委员会），以法规界定竞争中性、以机构保障政策落地；在微观层面注重动力机制和实施机制，如建立竞争中性投诉机制和支付竞争中性调整费等。澳大利亚的竞争中性原则针对国内市场、强调实质公平，不排斥政府商业活动。澳大利亚提出竞争中性原则是为了完善自身的市场竞争法律制度，目的是解决本国国企经营不善的问题，通过将竞争引入长期受保护的国有部门当中，消除国企因更紧密政企关系而可能导致的资源配置扭曲，以建立公平竞争的市场环境，提高市场竞争的有效性。

二、竞争中性的 2.0 版本——国际组织跟进研究

在国际层面，较早注意和吸收竞争中性概念并展开深入研究的是OECD。OECD 的竞争中性框架体系对各国竞争实践和研究跟踪时间较长，标准较为规范，是目前国际组织中最为深入的阐述。2005 年以来，OECD 围绕竞争中性议题，连续编制和发布了系列报告。2005 年，OECD 发布《OECD 国有企业指引》，对竞争中性的内涵进行了论述，并鼓励各国在国有企业中建立竞争中性政策框架；2011 年，OECD 发表《澳大利亚的竞争中性和国有企业：实践回顾及对其他国家的启示》以及《竞争中性和国有企业——挑战和政策选择》两篇报告，系统阐述了国有企业的竞争问题；2012 年，OECD 推出《竞争中性：维持国有企业与私有企业公平竞争的环境》，成为推动竞争中性从国内法向国际规则过渡的最具代表性的理论成果。

OECD 在澳大利亚竞争中性六点关键原则的基础上，发展形成了关于竞争中性政策的八个要素标准，即简化国企经营形式、全额成本定价、商业回报率、厘清公共服务义务、税收中性、监管中性、债务和补贴中性、政府采购中性。其中，厘清公共服务业务、政府采购中性是新增要求，其他则基本继承了澳版原则。此外，OECD 强调实施竞争中性主要依靠监督机制和执行机制。

众所周知，OECD 目前是由 36 个资本主义国家 ① 组成，是政府间的国际经济组织。OECD 的竞争中性原则针对国际市场，强调形式公平，不反对政府的直接商业活动。OECD 明确将竞争中性原则与国企经营活动关联起来，重点是搭建竞争中性原则与国企公司治理之间的"桥梁"，同时

---

① 36 个国家分别为：澳大利亚、奥地利、比利时、加拿大、智利、捷克、丹麦、爱沙尼亚、芬兰、法国、德国、希腊、匈牙利、冰岛、爱尔兰、以色列、意大利、日本、韩国、拉脱维亚、立陶宛、卢森堡、墨西哥、荷兰、新西兰、挪威、波兰、葡萄牙、斯洛伐克、斯洛文尼亚、西班牙、瑞典、瑞士、土耳其、英国、美国。

积极在多边场合推广竞争中性观点，推动竞争中性原则上升为国际规则，寻求利用这一原则规制各国国有企业。除 OECD 外，世界银行、世界贸易组织、联合国贸易和发展会议（UNCTAD）等机构对此也专门研究。

三、竞争中性的 3.0 版本——双多边自贸协定规则

欧美等经济体积极推动将竞争中性原则纳入双多边投资贸易协定，致力于将其国际法化。其中，CPTPP 国企条款可视为竞争中性原则在国际多边规则的具体化。自从 TPP 首次系统完整地表述规范国有企业国际贸易规则开始，2015 年以来签订的 CPTPP、USMCA、EJEPA、EVFTA、RCEP 等双多边贸易协定条款中，均基于以往基础，针对竞争政策设专门章节，条款内容反映了竞争中性由国内法上升到国际经贸新规则、规则范围扩大、标准化程度不断提高的三大趋势，规制重点进一步聚焦国企公平竞争问题且趋向严格。

CPTPP 强调三个核心条款：一是非歧视待遇与商业考虑，要求各国将同一规则适用于国有企业的行政管理与诉讼管辖；二是非商业性援助，要求任何缔约方不得向国有企业提供非商业援助；三是透明度，规定各方信息披露的内容和程序。此外，CPTPP 重视竞争中性的实施机制，强调设立国有企业和指定垄断委员会，负责审议国营企业条款的执行与应用，但没有裁决相关争议的权力。

积极签署多双边自贸协定是发达国家实施和推广意志、解决诉求的重要模式和途径。不论主导国是美国、欧盟还是日本，尽管在部分概念界定上有细微差别，但在基本立场和价值取向上高度一致，即国际经贸规则中的竞争中性原则针对国际市场，强调公平竞争，反对政府干预市场。在美、欧、日等经济体的推动下，竞争中性从倡议性条款逐渐发展为强制性条款，约束力不断增强，逐步实现了更广泛的国际经贸规则中的标准制度设定。

第四节　国际规则中国企条款的发展趋势

一、当前国际规则中国企条款的特征判断

第一，逐渐演变为美欧主导的区域贸易协定中的通用规则。2008年经济危机以来，发达经济体开始推动竞争中性向国际层面扩展。然而，随着WTO管理体制日趋多元化，发达国家越来越难以推行新的规则以维护自身利益，进而转向在区域贸易领域寻求新突破，表现出一定程度的"逆全球化"趋势。近几年来美欧主导建立的区域贸易协定中，无一例外地加入竞争中性原则条款。

第二，限制重点进一步聚焦国企问题且趋向严格。无论国际组织的研究还是区域贸易协定的制定，都将重点放在国有企业的规制上，进一步扩大原有国有企业的内涵与外延。2018年3月，世界银行与韩国发展研究院在首尔举办了关于国企改革的研讨会。世界银行认为，国有企业应加强国有企业所有权、加强监管、强化信息披露义务，在国有企业监管中应引入竞争中性原则；2018年，二十国集团工商峰会（B20）发表的政策报告指出，在国企与私营企业之间的竞争中，政府可能会创造不公平的市场环境，以确保国企获得优势。国有企业借助政府、国有银行的帮助进入市场运作，只能破坏并扭曲良性的市场竞争、产业的良性发展以及国际贸易的公平性。在关注国有企业问题的同时，对国有企业的政策规制也越来越严格。以国有企业定义为例，WTO贸易协定并未对国有企业进行界定；TPP和CPTPP从股权、投票权和决策权三个方面定义国有歧义。USMCA对国有企业的定义进行扩展，包括了有权通过包括间接所有权或少数所有权在内的任何其他所有权权益来控制企

业。国有企业只要是直接或间接拥有决策权的企业，就属于国有企业。此外，TPP 和 USMCA 对国有企业的定义还有一个总体上的限制，即主要从事商业活动，在主要从事商业活动的前提下，只要满足定义中的某一方面，就可以界定为国有企业。

第三，短期内纳入多边贸易体制可能性较小但长期看难以规避。WTO 规则约束的主体是政府，规定了政府在多边贸易体制下承担市场准入和非歧视性市场原则的义务，要求对企业所有权保持中立，准确判断与行为实施，不区分主体是国营企业还是私营企业。GATT/WTO 文本并未直接针对国有企业，但是有些协定具有相似的含义。虽然以美欧日为首的发达国家大力推动 WTO 规则改革，但由于各成员国现实情况不同，国内竞争法也有较大差别，加上受到马来西亚、越南、新加坡等国有企业占比较大的国家强烈反对，短期内在 WTO 规则中纳入竞争中性难度较大。但长期来看，一方面，现行 WTO 规则已无法约束某些国际投资与贸易的新行为、新态势，已经落后于全球贸易协定的发展。另一方面，竞争中性原则代表着美欧日等发达国家利益，在国际话语权处于强势地位。未来，发达国家势必进一步在多边贸易协定中增加国有企业限制规则。此外，OECD 等国际合作组织长期致力于探讨竞争法、竞争政策和竞争中性问题。2020 年 2 月，OECD 发布《2020 竞争趋势研究报告》（Competition Trends—2020），公布了成员国竞争政策的进展和趋势，分析了不同国家具体制度。2020 年度报告关注的重点是执法趋势，尤其是卡特尔制裁和滥用支配地位、合并审查案件。2022 年 12 月，OECD 即将召开新一轮圆桌论坛，议题关注的重点问题包括竞争政策在疫情下经济复苏的作用以及当前国际竞争政策是否需要重构。此外，OECD 长期致力于研究不同国家国内竞争问题，近几年研究的重点关注东盟以及拉丁美洲（巴西、秘鲁、哥斯达黎加、萨尔瓦多等）。

第四，推出"中国版"竞争中性原则。当今世界正在经历百年未有之大变局，百年未有之大变局的重要内容之一就是国际话语权经历深刻的结构变革，而其具体体现就是维护国际秩序的各类规则。竞争中性是国际经济贸易领域的新理念，在国际经济贸易规则持续引来深刻变革的背景之下，竞争中性原则可能成为国际规则制定的重要场域。为此，在我国综合国力不断提升、我国国际地位不断跃升的背景之下，可以围绕竞争中性提出自己的主张，即提出"中国版"的竞争中性主张，以便在国际经济贸易规则的制定过程中发挥引领和推动作用，主动融入国际社会，重视国际贸易规则的新趋势，减少我国和世界之间的误解，进一步增进互信。对于"中国版"的竞争中性主张，一方面，坚持竞争中性对于世界各国具有合理性的原则。意思是在实施竞争中性原则的基础上，允许各国根据本国实际和国情保留一些例外[①]，从而充分体现竞争中性原则对于不同经济发展水平国家、不同经济制度国家的实际情况的包容。另一方面，坚持竞争中性对于已有国际规则的兼容性。即"中国版"竞争中性要做好同 WTO、OECD 等不同的国际、区域、多边、双边投资贸易协定规则的对接和吸纳，比如在竞争主张推行过程面临争端的情况之下，就可以吸纳 WTO 关于争端解决机制的制度建设。

二、国际规则中国企条款集中表现为竞争中性原则

近年来，国际规则中国企条款集中表现为竞争中性原则，其动态发展主要表现为：整体上日趋细致化、扩大化和标准化；适用范围和应用场景不断发展和演变——从一国国内市场扩大到欧盟成员国，再扩展到国际经贸体系，从规制公共部门扩大到包括与政府有关的私营企业，再扩大到所有与政府有联系的市场商业活动；规范性要求不断扩展和清晰——从澳版的六点原则到 OECD 的八要素标准，再到 CPTPP 所代表的国际经贸体系所要求的三大核心条款，反映了竞争中性由国内法

---

① 吴振宇. 竞争中性原则对深化国企改革的启示 [J]. 山东国资，2020（3）：21-24.

上升到国际经贸新规则、规则范围扩大、标准化程度提高、约束力增强等四大趋势（见表3-1）。

表3-1　竞争中性原则三个版本的异同

倡导者	界定	重点	规范性要求	不同之处	相同之处
澳大利亚	政府的商业活动不得因公共部门所有权地位而享有私营部门竞争者所不能享有的竞争优势	国内竞争政策改革与高企改革	六点关键原则：独立的公司制组织、税收中性、债务中性、监管中性、商业回报率要求、价格反映成本	规制对象并不专门针对国有企业，关注重点是促进公平、提高效率	规范政企关系，不因所有制不同而认为造成竞争优势，认同竞争中性原则理念
国际组织（以OECD为代表）	任何企业实体不因所有权而处于有利或不利地位	成员国遵从统一的竞争规则	八个要素标准：简化国有企业经营形式、核定特定职能成本、商业回报率、厘清公共服务义务、税收中性、监管中性、债务和补贴中性、政府采购中性	规制对象专向国有企业，关注重点是通过竞争中性推广国有企业治理规则	
双多边自贸协定规则（以CPTPP为代表）	政府支持的商业活动不得因其与政府有关系而享受人为竞争优势	国际经贸体系中的国有企业	三个核心条款：非歧视待遇和商业考虑、非商业援助、透明度	规制国有企业在国际经贸体系中的商业活动行为，关注重点是禁止对缔约方形成不利影响或损害的非商业援助	

资料来源：笔者整理。

各国对竞争中性初步形成基本共识，但在实践中存在差异：

一是宗旨和要求基本一致。主要表现为：政府避免扭曲市场经济的行为，不为特定市场主体提供不当竞争优势或设置劣势条件；市场主体遵循商业原则规范运营；以公平竞争促进社会福利最大化。

二是制度体系比较一致。都规定了竞争中性规则的适用主体、适用标准以及监督和执行机制。如竞争中性适用于企业参与政府商业活动

· 49 ·

的情形，也就是说非商业、非营利性活动不适用该原则。竞争中性是为了保证企业参与竞争不因所有制不同而享有优势或劣势，以解决因所有制不同而导致的资源配置扭曲；而因规模、经验、文化等差异获得的企业独特竞争优势不属于竞争中性规制的范畴，而是市场经济竞争的标志。

三是基本内涵与核心特征基本一致。竞争中性并不排斥国有企业，实质上是鼓励竞争的系列政策框架体系，强调公平竞争、规范政企关系，重点规范政府行为。

四是关于竞争中性的规范性要求初步达成一般共识。对国有企业的规范性要求一般涉及公司化和简化经营形式、核算特定职能的直接成本、要求合理的商业回报率以及税收中性、监管中性、债务中性、信贷中性、政府采购中性与补贴约束等。

在对竞争中性形成"理论上是个好东西"共识基础的同时，各国在实践时却有一定差异。这既因为竞争中性在国内国际层面的诞生背景、规制对象、应用范畴各有不同，也因为有理念、制度、规则的差异，最主要的还因为国有经济占比、国有企业作用、经济发展阶段、经济全球化程度和竞争中性相关改革进展等国情差异。大多发达国家的国有经济占比较低，竞争较充分，因此其积极推动竞争中性上升为国际贸易投资规则的刚性条款。国有经济占比较高的发展中国家在国企改革和完善公平竞争环境等方面则面临压力，实践竞争中性时较为谨慎。相对于美西方国家的主动推动，这些发展中国家更多地表现为被动接受或逐渐推进。而且在发展中国家当中，由于国有经济占比和作用仍然存在差异，实践时仍不尽相同。如印度、墨西哥等在开展涉及竞争中性来国内改革基础上，开始接受在国际贸易协定中推进竞争中性原则；马来西亚、越南等国在融入国际规则和区域协定的同时，反对推进过于严格激进的竞争中性条款。

三、国有企业面对国企条款的挑战与机遇

按照竞争中性的原则，我国国有企业当前从政府部门或其他主体方面获得的、因全民所有权的性质而享有的部分优势将失去，这对于已经享受到相关优势的国有企业是一项挑战。但是，由于推进国有企业成为独立的市场经济主体是我国国有企业改革的重要方向之一，因此，竞争中性原则所包含的公平竞争理念对于我国全面深化国有企业改革也具有积极的意义。

（一）面临的挑战

第一，警惕国企条款内涵的扩大化。竞争中性原则追求的是市场主体权利配置上的公平，这意味着竞争中性原则应始终坚持公平的标准，不应设定双重标准区别对待，更不得肆意扩大该原则的适用范围。并且，不仅应当对竞争中性原则的扩大化保持警醒，而且也应当对竞争中性原则的模糊化界定保持警惕，这些对于竞争中性原则的扩大化主张以及模糊化主张实质上是对我国国有企业设置障碍，企图阻挠我国国有企业在国际市场上更好地发展，最终目标是对我国国有企业在全球市场的竞争力进行削弱，最终削弱我国的国际竞争力。一是国企条款并不要求国有企业私有化，而是承认国有企业在市场经济下的合理存在和在缔约国经济中的角色。这是各缔约国能达成一定共识的基础。二是国企条款并不妨碍国有企业履行公共政策职能，而是认可国有企业在公共服务、国防安全、经济稳定、社会公平等领域发挥作用，允许其接受透明、合理的政府补贴并行使相应的公共政策职能。三是国企条款相关规则并不排斥国有企业参与全球贸易体系。CPTPP 等协定对待国有企业的立场，与以 WTO 为核心、奉行所有制中性原则的全球贸易体系基本上一脉相承，并不排斥国有企业参与全球贸易体系——只要国有企业遵循公平竞争原则，其所有制无关紧要。四是国企条款并不歧视国有企

业。CPTPP 之所以制订专门针对国有企业的纪律约束，重点是防止国有企业因客观存在的更密切的政企关系而从政府获得不当竞争优势，主要目的是促进公平竞争。抛开基于动机的主观猜测而基于对文本的客观分析，难以认定 CPTPP 国企条款是歧视和限制（中国）国有企业发展的工具。

第二，竞争中性可能演化为所有制歧视。竞争中性最初仅为澳大利亚一国讨论和推进的国内政策。在由澳大利亚一国的国内政策转变为国际双边、多边规则的过程中，美国起到了推波助澜的作用。其实质上是借助竞争中性之名，行限制某种模式的竞争之实，所以，美国等西方国家在国际经济贸易规则中积极推行竞争中性原则的真实意图是为了在最新的全球经济贸易规则的塑造中，占据主导地位、把握主导权，尤其是在中国在全球经济贸易份额和话语权持续升高的情况之下，限制中国发展模式所带来的示范作用。不过，竞争中性本身并不是为了削弱国有企业在全球经济贸易规则中的竞争力，也不是给私营企业或外资企业创造特殊的待遇。因此，在国际经济贸易规则塑造中不仅需要防止对于民营企业的歧视待遇，也需要防止对于国有企业的歧视待遇，对于那种因为企业的所有权而制定相关规则的思路需要进行坚决的反对，唯有如此才能做到竞争中性，对所有市场主体一视同仁。

第三，加入区域自由贸易协定难度加大。对于国有企业，我国一直持谨慎的态度，但国有企业竞争中性问题不可避免地将在未来我国自贸区谈判中出现。在国内，我国已经开启了全面深化国有企业改革的进程，制定并实施了关于推进国有企业改革的三年行动计划。不过，同竞争中性原则所要求的标准相比，我国国有企业改革的深度和广度依然存在进一步提升的空间。在此背景之下，一旦竞争中性原则成为国际经济贸易谈判的主流话语，那么在我国同其他国家或地区签署双边、多边协议的时候，国有企业的竞争中性问题可能成为焦点，我国同其他国家所签署的协议也可能因此面临更加困难的局面。融入多边区域自由贸易市场的实际需求，决定了中国应引入竞争中性原则，但也可能因错误的政策定位而陷入国际贸易保护主义陷阱和经济周期性波动的潜在风险。

第四，阻碍中国国有企业"走出去"。在国内层面，国有经济是我国经济体系的主导力量。在国际层面，随着我国积极鼓励企业"走出去"开展海外投资和运营，我国国有企业也不断到海外市场开展投资运营，并不断发展壮大，国有企业在我国海外投资和运营中长期以来也占据重要位置，是我国企业开展海外投资和运营的一股重要力量。随着竞争中性原则从最初的一国内部法律规则发展成为全球贸易和投资领域的重要国际规则，并被纳入诸多国际组织，如经济发展与合作组织、世界银行、联合国贸发会议、世界贸易组织等的贸易和投资协定中，这一原则将制约中国国有企业进入国际市场，特别是已经适用竞争中性原则的成员国市场。

（二）存在的机遇

第一，促进形成公平竞争的市场环境。无论是国有企业，还是非国有企业，尽管所有制的性质不同，但是作为平等的市场竞争主体，它们不仅需要在获得各种类型的生产要素方面是公平的，而且在参与市场竞争方面也是公平的，并且在法律面前一视同仁，也就是说国有企业和非国有企业在受到法律的规制和保护方面的地位是平等的，那种因不同所有制性质而实施不同法律规范的行为则是竞争中性原则所反对的。事实上，竞争中性原则提出的基本目标也是创造一个对所有市场主体均能够一视同仁的公平的市场环境。如果国有企业能够不因所有制的特殊性而享有特殊的待遇，那么从国际层面来看，无论是国际经济贸易规则的新进展，还是我国国有企业"走出去"的实践，均能够较好地应对，也能够轻松应对新的国际规则。

第二，规范政府在市场中的行为。从理论视角来看，作为整个社会的代理人，在能够做什么以及想做什么方面，政府部门存在一定的模糊性或混淆性。从规范政府行为的视角来说，竞争中性其实也是规范政府的行为模式，限制政府为了自身的利益而直接参与到市场竞争活动中来，鼓励政府能够将更多的精力放在如何推进社会公共利益上来。可以说，竞争中性原则通过限制政府行为活动来促进市场配置资源，与此同时，更好地发挥政府的作用，从而实现了市场的决定性作用和政府的作用的统一。进一步分析表明，竞争中性原则在本质上是为了规范政府在市场中的行为，主要是为了防止政府为某些企业提供不利于市场公平竞争的竞争优势。

第三，加快推进国有企业改革进程。其实，竞争中性原则不仅能够推动对于非国有企业的保护，从而为民营企业创造更好的市场环境，而且对于全面深化国有企业改革也具有重要的意义和价值。通过积极引入竞争中性的理念更好地服务于全面深化国有企业改革，能够更好地推进国有企业成为独立决策和运营的市场竞争主体，从而有效增强国有企业的活力。因此，从这个视角来看，竞争中性和全面深化国有企业改革的基本方向是契合的，能够在某种意义上加快推进我国国有企业改革进程。比如，竞争中性要求更好地处理政府和国有企业的关系，鼓励政府更好地发挥市场管理者的作用，鼓励国有企业也按照市场经济竞争的要求进行决策和运营。如此，无论是国有企业，还是民营企业，均不能因为所有制性质的不同而享受到不同的待遇，国有企业也需要按照市场经济的规则行事，并且做好经营管理，提升自身透明度。

第四，对标国际规则促进制度性开放。长期以来，通过开放促进国内改革进程一直以来是我国改革的一个重要经验。比如，在加入WTO 的问题上，我国最初也面临国内规则和国际规则存在较大的不契合问题。但是，随着入市之后国内规则的不断完善及同国际规则的对接，我国社会主义市场经济体制得到不断发展，竞争中性成为我国进一步深化国有企业改革的一项重要驱动因素。我们知道，竞争中性原则是当前和今后一段时期国际经济贸易规则谈判的重要趋势，我国要想进一步融入和引领国际经济贸易规则的塑造进程，就需要首先推动竞争中性原则在我国国内的本土化，在此基础上，积极提出我国理解和坚持的竞争中性原则。

四、中国对国际规则中国企条款的态度转变

第一，从谨慎到探索性引入。根据前文对竞争中性制度框架发展历程的梳理可以看出，自21世纪初特别是2008年金融危机爆发后，"竞争中性"的概念开始逐步受到国际关注，并在国际贸易规则中得到实践。然而考虑到我国国有经济占比较高的特殊国情，国内对这个概念的引入过程还是十分谨慎的。2014年，时任商务部部长陈德铭退休后撰写的《经济危机与规则重构》一书首次公开提到了"竞争中性"的概念。2015年10月12日，党中央、国务院发布《关于推进价格机制改革的若干意见》，将"逐步确立竞争政策的基础性地位"作为"加强市场价格监管和反垄断执法"的重要内容，正式在党和国家政策文件中引入"竞争政策"的表述，为围绕竞争政策做好顶层设计指明了方向。

第二，从引入到选择性吸收。2017年，国务院发布了《"十三五"市场监管规划》。该规划关于强化竞争政策基础性地位明确指出，"充分尊重市场，充分发挥市场的力量，实行竞争中立制度，避免对市场机制的扭曲，影响资源优化配置"，标志着中国正式吸收了竞争中性的概念。2018年10月14日，中国人民银行行长在G30国际银行研讨会上表示，考虑以竞争中性原则对待国有企业作为。同年11月6日，国家市场监管局局长在中国国际进口博览会上表示，中国未来将采取竞争中性政策，为竞争创造公平的市场环境。在2019年的十三届全国人民代表大会第二次会议上，总理和多位部级官员再次提到了这一概念。2019年3

月 5 日，李克强总理所作的《政府工作报告》首次将"竞争中性原则"纳入，明确指出要"按照竞争中性原则，在要素获取、准入许可、经营运行、政府采购和招投标等方面，对各类所有制企业平等对待"。2019年 10 月 19 日，中国共产党第十九届中央委员会第四次全体会议通过的《关于坚持和完善中国特色社会主义制度推进国家治理体系和治理能力现代化若干重大问题的决定》，提出"强化竞争政策基础地位，落实公平竞争审查制度，加强和改进反垄断和反不正当竞争执法"。2019 年 12 月 4 日，党中央、国务院发布《关于营造更好发展环境支持民营企业改革发展的意见》，对"优化公平竞争的市场环境""完善精准有效的政策环境""健全平等保护的法治环境""鼓励引导民营企业改革创新""促进民营企业规范健康发展""构建亲情政商关系"等六个方面推出一系列举措。2020 年 5 月 11 日，党中央和国务院通过的《关于新时代加快完善社会主义市场经济体制的意见》也明确提出，"完善竞争政策框架，建立健全竞争政策实施机制，强化竞争政策基础地位"。①

第三，从吸收到制度性反思。2020 年 7 月，习近平总书记在企业家座谈会上强调，"依法平等保护国有、民营、外资等各种所有制企业产权和自主经营权，完善各类市场主体公平竞争的法治环境"。这再次表明，中国决心创造一个法律环境，让各类市场主体能够在公平的环境中竞争。不过，从中国期刊网全文数据库数据来看，以"竞争中性"作为标题关键词的学术研究进入 2020 年之后不断减少。比如，相较于 2019 年相关学术研究 43 篇的数量，以"竞争中性"作为标题关键词的学术论文数量在 2020 年减少为 36 篇，在 2021 年进一步减少为 13 篇。不难看出，我国学术层面关于竞争中性的研究热潮不断退却，我国关于竞争中性议题进入制度性反思阶段。究其原因，一些美西方国家利用

---

① 《中共中央 国务院关于新时代加快完善社会主义市场经济体制的意见》[EB/OL].（2020-5-11）[2022-1-2]. http://www.gov.cn/zhengce/2020-05/18/content_5512696.htm.

竞争中性抨击国有企业经营行为，并作为多双边谈判的"武器"难辞其咎。

总体来看，对于竞争中性而言，理性的选择是积极借鉴和审慎应用。之所以要积极借鉴，是因为竞争中性的理念和逻辑，确实符合我国所要建设的高水平社会主义市场经济体系的要求。比如，我国提倡的公平竞争制度，我国在正确处理政府和市场关系过程中，所坚持的使市场在资源配置中起决定性作用和更好发挥政府作用等。之所以在实践中又要对竞争中性采取审慎态度，是因为我国国有企业众多、分布广泛，我国也是最大的发展中国家，国有企业对于更好地保障我国国民经济安全具有重要的意义和价值，不能对竞争中性可能为我国国有企业带来的负面影响掉以轻心。

第四章　主要国际规则中的国企条款

国际规则中关于国企条款的规定比较多，除本研究列举的之外，如澳大利亚与新加坡 FTA、美国与秘鲁 FTA 等均存在对国有企业相关的规则。这些规定详略不一，有的只是从原则上予以描述，有的也建立了有关具有框架体系的国企条款，不过，这些国企条款具有相似性。因此，本章仅选取具有一定代表性的国际规则的国企条款展开分析。

第一节　双多边自贸协定中的国企条款

一、全面与进步跨太平洋伙伴关系协定

《全面与进步跨太平洋伙伴关系协定》（Comprehensive and Progressive Agreement for Trans-Pacific Partnership，简称 CPTPP）是 11 个亚洲太平洋地区国家之间的一项自由贸易协定，缔约方包括澳大利亚、文莱、加拿大、智利、日本、马来西亚、墨西哥、新西兰、秘鲁、新加坡和越南。CPTPP 前身是 2016 年 2 月 4 日该 11 国以及美国一起签署的《跨太平洋伙伴关系协定》（Trans-Pacific Partnership Agreement，简称 TPP）。2017 年美国宣布退出 TPP 后，11 国谈判同意对 TPP 中 22 项主要反映美国诉求的规定作"暂停"处理，将协定的名称改为 CPTPP，并于

2018 年 3 月 8 日签署该协定。2018 年 12 月 30 日，CPTPP 按其相关规则对已经完成国内批准程序的 6 个国家生效（澳大利亚、加拿大、日本、墨西哥、新西兰和新加坡）。对其他国家，协定将在其完成国内批准程序 60 天后生效。其中，越南已经完成程序，协定已于 2019 年 1 月 14 日对其生效。

CPTPP 的第十七章"国有企业与指定垄断"完全来自 TPP 第十七章，没有改动，在重要国际多边经贸规则中首次针对国企条款单独成章，涵盖定义、范围、授予职权、非歧视待遇和商业考虑、法院和行政机构、非商业援助、不利影响、损害、缔约方特定附件、透明度、技术合作、国有企业和指定垄断委员会、例外、进一步谈判、信息形成过程等 15 项条款，外加 7 个附件（见表 4-1），将过去多边经贸规则中提出的重要原则予以落实。该章节是过去国际经贸规则的重要发展，代表了西方国家对于国有企业的共同要求，其内容不仅对成员国形成强大约束，还会对未来国际经贸规则的升级带来示范效应。

表 4-1　CPTPP 国企条款主要内容

条款	主要内容
17.1	定义"垄断政府""国有企业"及相关概念
17.2	国企条款适用范围：①从事商业活动的国企；②在缔约方境内，国家拥有 50% 以上股权的企业或国家通过所有权控制 50% 以上投票权的企业或国家有权任命董事会的企业，及其他类似主体
17.3	国有企业条款的适用例外：承担公共服务职能、公共管理职能的企业；主权财务基金、养老基金及其拥有或控制的企业；政府采购等
17.4	概括性规定：国有企业在从事商业活动时，应遵守一般商业规则
17.5	监管中立与司法中立：各国在国有企业行政监管和诉讼管辖中，适用同样的规则
17.6	非商业援助条款，要求任何缔约方不能向国有企业提供非商业援助
17.7	非商业援助产生情况，包括进口限制、经营许可、价格抑制和削减等
17.8	规定提供非商业性援助产生损害的认定方法和程序

条款	主要内容
17.9	特殊成员国的例外规定
17.10	透明度要求，规定各方信息披露的内容和程序
17.11	各方在国有企业治理经验、政策、方法的分享方式
17.12	设立"国有企业和指定垄断委员会"，负责审议和考虑国有企业条款的实施和应用，但没有裁决相关争议的权力
17.13	各条款的例外规定，如在国内或全球经济危机时可不遵守17.4和17.6的规定
17.14	成员国推行国有企业条款后的五年内将开展进一步谈判以拓展本章内规则的应用
17.15	开发信息的方法

资料来源：笔者整理。

第一，关于国有企业定义和适用对象范围。CPTPP对国有企业的定义包括两条标准：一是主要从事商业活动；二是拥有50%以上股权或控制权，即一缔约方在其中：直接拥有50%以上股份资本；通过所有者权益控制50%以上投票权的行使；或拥有任命大多数董事会或其他同等管理机构成员的权利。协议适用对象范围的国有企业实际包括四条标准：一是50%以上股权或控制权；二是这些活动必须以盈利为目的，以非盈利或者成本回收为基础的活动不受国有企业纪律约束；三是在前三个连续财政年度中，任何一个财政年度的商业活动收入超过2亿特别提款权，应根据使用附件17-a中规定的综合特别提款权通货膨胀率的公式，每隔三年调整一次通货膨胀阈值；四是中央政府控制的大型企业。

第二，非歧视和商业考虑。这一条款包括了两项义务。一是缔约方应该确保国有企业在从事商业活动时遵循商业考虑，即像从事同一活动的私营公司一样行事。商业考虑包括"价格、质量、可用性、适销性、运输和其他购买或出售条款和条件；或在相关商业或行业中的私营企业的商业决策中通常会考虑的其他因素"[①]。二是缔约方应确保其国有

[①] 卜令强. 竞争中立规则与中国国有企业改革初论[J]. 经济法论丛，2017（2）：95-121.

企业在从事商业活动时提供非歧视待遇，包括：给予另一缔约方企业的待遇，不低于其给予该缔约方、其他缔约方或任何非缔约方的企业的待遇；给予该缔约方领土内涵盖投资的企业的待遇，不低于其给予由该缔约方、其他缔约方或任何非缔约方的投资者在该缔约方领土内相关市场上所投资的企业的待遇。

第三，非商业援助。非商业援助是国企章节最核心的条款，主要由四部分组成：定义条款、不利影响或伤害的具体纪律、规则的例外、非商业援助规则的实施。CPTPP 不是禁止非商业援助，而是控制其负面影响。非商业援助义务防止成员国政府或国有企业对本国国有企业提供的非商业援助对其他成员国贸易和投资利益造成"不利影响"或"损害"。非商业援助和这两种负面影响之间的因果关系需要"证明"。

第四，透明度。CPTPP 规定了非常详细的信息披露义务，这对于国有企业较多的国家来说是一项繁重的负担。

第五，纪律适用和例外。即使对于在约束范围内的国有企业，它们的活动也并非全部受第十七章的约束。此外，CPTPP 第十七章包含的例外和豁免规定种类繁多、形式复杂，因缔约方而异，如部分金融、能源和采矿、交通运输、文化通信等行业国有企业。

第六，纠纷解决机制。缔约方关于第十七章的纠纷，需诉诸第二十八章规定的、服务于整个 CPTPP 的纠纷解决机制。CPTPP 的纠纷解决机制的核心是一个三人小组，该小组对相关事宜进行审查并作出裁决。在提交三人小组审查之前，有一个协商阶段；三人小组作出裁决后，有一个执行阶段。

二、美墨加协定

在退出 TPP 之后，美国并未放弃推动国有企业规则来重塑国际贸易和投资规则。2018 年 9 月 30 日，美国、墨西哥、加拿大三国完成了对北美自由贸易区协定的更新谈判，签订《美国—墨西哥—加拿大协定》(The United State–Mexico–Canada Agreement，简称 USMCA)。新协定的名称不再包含"自由贸易"，这意味着美国推动所谓的"公平贸易"规则在北美初步达到了维护美国利益的目的。对于中国来说，"公平贸易"隐含着一种不公平的竞争行为，指责中国国有企业和政府主导模式，而"公平贸易"则意味着美国正在推动新的国际贸易规则，而非国有企业规则之外的对中国的"封锁"。该协议于 2018 年 11 月 30 日生效，协议严格规定国有企业、非市场经济体关系、争端解决排他性条款等相关内容。

USMCA 中的三个参与国都不是国有企业占优势地位的国家，但 USMCA 第二十二章"国有企业和指定垄断"涵盖了定义、范围、授予职权、非歧视待遇和商业考虑、法院和行政机构、非商业援助、不利影响、损害、缔约方特定附件、透明度、技术合作、国有企业和指定垄断委员会、例外、进一步谈判、信息形成过程等 15 个条款以及 5 项附件。这些条款突出强调国有企业纪律，这显然反映出美国意图限制国有企业的意愿并未因退出 TPP 而有所改变，甚至希望通过该协议来弥补原 TPP 协议中国有企业条款的不足，强化在新的国际经贸规则中对国有企业的纪律。

值得注意的是，USMCA 引入了极具排他性的"毒丸条款"。协议第三十二章第十条共包括八项具体条款，其中规定，如果美国、墨西哥和加拿大三国中任意一方与非市场经济体签署了自由贸易协定，其他协定伙伴将有权在六个月内退出美墨加协定，并以新的双边协定取而代之。"毒丸条款"首次将非此即彼的排他性选项纳入双边及区域贸易协定[1]，将遏制规则推向极致，即通过禁止贸易伙伴与中国等其所谓的非市场经济国家签订自由贸易协定。这虽然在短期内对中国的直接影响较为有

①杨勇萍，潘迎春. 美国对华"新冷战"的演进逻辑 [J]. 国际观察，2021（2）：49–84.

限，但是有了这一先例，此条款就可以在其他贸易协定中复制，可能达到遏制和孤立中国的目的。

三、欧盟—越南协定

2019 年 6 月 30 日，欧盟、越南在河内签署《欧越自由贸易协定与投资保护协定》（EU-Vietnam Trade and Investment Agreements Free Trade Agreement，简称 EVFTA），该协定第十一章"国有企业、享受特殊权利或特权的企业，以及制定的垄断企业"共计七个条款，虽然没有纳入在 CPTPP 和 USMCA 中的非商业援助条款，但相较于以往欧盟对外 FTA 对国有企业的规定更为详细。

第一，定义条款。EVFTA 对国有企业的定义与 CPTPP 大致相同。在欧盟对外谈判的各种自由贸易协定文本中，国有企业通常只被简单地提及，它们与垄断企业、拥有特殊或专有权的私营企业一起受到竞争政策的管制，只有 EVFTA 才对国有企业实行专章规定和界定。该协定采用了绝对控制权标准和董事任用权标准来界定国有企业。只要政府拥有超过 50% 的股权或投票权，对半数以上的管理者有任命权，或拥有对企业决策的控制权，即可认定为国有企业。该定义可视为欧盟对传统 FTA 的一种突破，同时也是欧美不约而同地对转轨国家或国有企业中所占比重较大的国家所专门制定的条款。

第二，补贴约束。EVFTA 虽然没有 CPTPP 那么严格的国有企业补贴约束，但是在补贴透明度、补贴限额等方面比以往欧盟 FTA 补贴规则更加详细和严格。该协议允许成员国在不影响贸易和竞争的情况下，因实现公共政策目标而给企业提供补贴。但是，就补贴透明度而言，成员国必须每四年公布补贴的形式、总额预算以及接受补贴的对象；如果一方认为另一方的补贴损害了他们的贸易和投资利益，则受损害的一方可要求与他方协商。关于补贴限额，该协定要求成员国对企业债务负责或提供其他补贴应有限度；为企业提供贷款担保、现金补助等一年以上的补贴，前提是企业有可靠的重组计划，并能够偿还贷款。此外，协议中有许多排除条款，使对国有企业的约束力有所减弱。例如，EVFTA规定仅适用于三年内接受超过30万特别提款权的企业；又如，协定所规定的透明度义务所适用的特定服务部门，仅限于通信、银行保险、计算机服务、建筑工程等领域。

第三，透明度要求。EVFTA要求更高的透明度，其要求成员国披露国有企业股权比例和投票权比例，与普通股权特别股权或特别投票权不同；国有企业的组织结构，董事会的构成，或者能够直接或间接控制企业的机构，以及与其他国有企业交叉持股的情形；同时也要说明监管国有企业的政府部门和公共机构，以及国有企业和监管者之间的关系；政府及其他公共部门的任命、解聘、经理人员报酬、年度税收或资产、免税、豁免义务或其他优惠；达到起点收入的企业还要求披露更多信息。上述内容与CPTPP协定差别不大，但以往欧盟FTA均未规定上述国有企业股权、监管机构持股等透明度要求。

第四，非歧视待遇和商业考虑。要求国有企业在购买和销售商品或服务时，应基于商业考虑，给予其他成员相同的参与机会。

四、美国—新加坡自由贸易协定

2003年，美国首次与东亚国家签署了双边自由贸易协定，即《美国—新加坡自由贸易协定》（The United States-Singapore Free Trade Agreement，简称 USSFTA）。其中，第十二章"反竞争商业行为，指定垄断和政府企业"是专门针对"政府企业"的一章。该协定的签订伴随着东亚区域经济一体化进程的推进，以及"中国威胁论"的论调。因此，通过研究 USSFTA，能够分析美国在制定双边自贸协定时对竞争政策和国有企业的立场。USSFTA 没有像澳大利亚那样专门讨论"竞争中性"，而是主要通过制定国有企业规则来实现。该协定规定，缔约双方应确保它们所建立或维持的政府企业的行为应符合协定的要求，并进一步强调，只要企业的行为是由政府授权的，无论是行政行为还是管理行为，都应受到协定的规制。由此可以看出，美式国企条款的适用对象并非仅限于传统意义上的"政府企业"，而是将政府命令或授权企业视为"行使政府职权的企业"从而纳入国有企业规制条款的权利和义务范畴之内。

USSFTA 框架下对政府企业的定义有两项内容需要特别指出：一是对美国和新加坡的政府企业界定标准不同。对美国来说，重点是所有权标准，而对新加坡则是"有效影响力"标准。二是该协定第十二章附录A 详细描绘了政府不同比例持股情况下"有效影响力"的标准，并以此来鉴定企业的性质。具体地说，在美国语境下，政府企业是指国家拥有某企业的所有权或控制权，而在新加坡语境下，只要国家对某企业具有"有效影响力"（见图 4–1），该企业就会被 USSFTA 定义为政府企业。"有效影响力"将国有企业范围扩大到政府和政府企业，而美国的标准则相对简单。

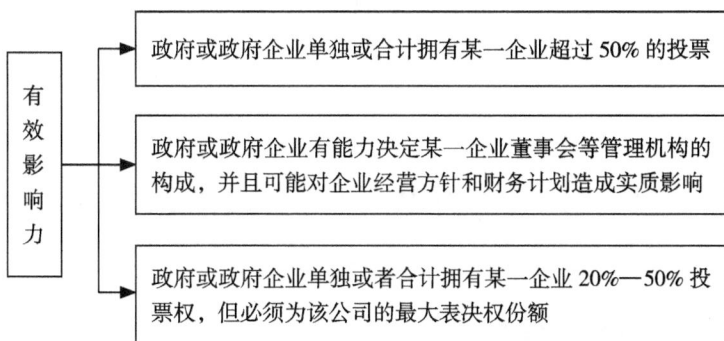

图 4–1 USSFTA 中"有效影响力"的界定

资料来源：笔者绘制。

此外，USSFTA 主要管制政府企业的商业行为，并进一步规定新加坡的单边义务应符合某种商业考虑。第十二章第八条第八款"基于商业考虑"解释为"与相关商业或产业的私有企业正常业务一致"。也就是说，新加坡政府企业在进行商业活动时，必须像私有企业一样，在价格、质量、采购等方面不得享有任何优势。但是，如果政府企业为政府目的而采购服务或货物，而非商业转卖或销售时，适用的竞争规则将被排除在外。

五、欧日经济伙伴关系协定

2018 年 7 月，欧盟和日本在东京签署《欧日经济伙伴关系协定》（EU-Japan Economic Partnership Agreement，简称 EJEPA），该协定共包含23 章。其中，第十三章"国有企业、被授予特殊权利或特权的企业和指定垄断"，涵盖定义、范围、与 WTO 协定的关系、总则、非歧视性待遇和商业考虑、监管框架、信息交流、例外等共 8 个条款。值得注意的是，EJEPA 第十三章中的国有企业包含次中央等所有层级的国有企业和指定垄断，而 CPTPP 规定，"非歧视待遇和商业考虑""法院和行政机构"和"非商业援助和透明度"条款对部分国家不适用次中央国有企业和指定垄断。

第二节　国际组织研究中的国企条款

一、世界贸易组织

在世界贸易组织（World Trade Organization，简称 WTO）框架内，对国有企业的直接规定主要涉及 GATT 第十七条"国营贸易企业"、GATT

第十六条"反补贴和反倾销"，以及补贴与反补贴措施协定（Agreement on Subsidies and Countervailing Measures，简称 SCM 协定）。

GATT 第十七条"国营贸易企业"讨论国企相关问题，第十七条第一节"非歧视待遇和商业考虑"与第十七条第四节"透明度"，要求国营企业的商业活动要从"商业考虑"角度出发进行经营决策，以应对政府垄断对贸易的不利影响。GATT 第十六条为"反补贴和反倾销"。可以发现，在 WTO 框架内，只有国营贸易企业（State Trading Enterprise）和国营企业（State Enterprise）说法，还不存在国有企业（State-owned Enterprise）概念——直到后来美国主导的 TPP 和美墨加贸易协定等多边协定，才对国有企业作出了明确定义。

WTO 框架中与当前一些国家倡导的"非商业援助"条款对应的是 SCM 协定。SCM 协定禁止成员国通过不公平手段影响本国企业的商业活动，以免影响其同其他国家之间的公平贸易。SCM 协定中的规则是所有制中性的，并不只专门针对国有企业，而是规制所有企业接受补贴的行为。这不同于只针对国有企业的"非商业援助"。此外，SCM 协定下的补贴者是政府和公共机构，国有企业只有被认定为公共机构才可能被确认为补贴提供者，这也迥异于"非商业援助"直接将国有企业明确为援助提供主体的做法。

由于一些 WTO 成员认为"政府补贴、非市场导向政策等不公平行为严重扭曲了贸易行为，国有企业则是这些政策的直接对象或执行工具，而现行 WTO 框架对此缺乏有效规制，因此急需改革"，据此在其 WTO 改革方案中将国企议题作为重要内容。WTO 改革国企议题大致聚焦于以下五个方面：是否将国有企业定性为公共机构，进而视为补贴来源；限制"非商业援助"，重点是政府对国有企业的补贴；国有企业应遵守"商业考虑"；提高国有企业透明度；如何确定国有企业的定义和范围。

第一，关于将国有企业定性为公共机构。国有企业是否定性为公共机构，直接关系到反补贴制度对国企的规制，事关 WTO 反补贴语境下的国企法律定性，存在中国的"政府职权论"和美国的"政府控制论"之争。在 2011 年中国诉美国双反措施案中，中国的胜诉确立了"政府职权论"标准。但国有企业的公共机构定性问题并未得到彻底解决，迄今仍是 WTO 改革国企议题中的焦点问题。国有企业是否定性为公共机构，深刻影响我国对外经贸关系、国际义务承担和国企改革发展，牵涉我国市场经济地位认定，关键在于能够完善和落实国企分类改革。

第二，关于"非商业援助"。相较于 WTO 中的 SCM 协定，一些经济体的 WTO 改革方案要求扩展补贴对象、补贴主体和规制范围，提高补贴透明度，强化对补贴的规制。我国国有企业量大面广，如按新的补贴规则，更多的相关政策可能会被认定为提供了"非商业援助"，更多的国企可能被视为接受"非商业援助"的主体，对我国国资监管、国企改革发展带来一定挑战。

第三，关于"商业考虑"。整体而言，国企基于"商业考虑和非歧视待遇"开展经营，与我国国企改革目标一致，可以开展讨论、考虑接受。当前，考虑到当前及以后一段时期我国实际情况和发展阶段，大型国企特别是央企的一些商业活动需要服务国家战略，难以做到完全单一的"商业考虑"。我们需要关注"商业考虑"与"服务国家战略目标"的可能冲突。此外，"商业考虑"的直接规制对象虽然是国企，但实际上更是规范政府行为的要求。对国企而言，能否基于"商业考虑"很大程度上取决于政府能够减少对其的不当直接干预或赋予的多元目标。政府要保证国企行为基于"商业考虑"，就必须尽可能避免过多地对商业类国企的直接行政干预，将商业类国企当成一般企业对待，促使其回归企业本性。

第四，关于"透明度"。国企建立信息披露制度，实现信息公开，是由国企的特殊属性所决定的——作为国有资本全民所有、市场化激励受一定限制的市场主体，国企没有理由减少信息公开，而是更应加大信息公开的力度。

第五，关于国有企业的定义和范围。针对可能扩大被规制的国企范围，基于谈判策略和国情实际，可以争取通过利用例外条款，拟定"适用例外"国企名单，争取将更多的可能的国有企业排除在外。

二、经济合作与发展组织

由于国有企业在经济合作与发展组织（Organization for Economic Cooperation and Development，简称 OECD）国家中占有很大比例，21 世纪初 OECD 开始关注竞争中性并开展系列课题研究（见表 4–2），成为美欧推广竞争中性原则的重要平台。

表 4–2　OECD 有关国企条款的报告一览

时间	报告名称	主要内容
2005 年	OECD 国有企业指引	提供了针对国有企业公司治理的一整套方案，主要内容包括：①确保针对国有企业的有效的法律和监管框架；②国家如何作为国有企业的所有者；③公平对待不同股东；④利益相关者之间的关系；⑤透明度和信息披露；⑥国有企业董事会的职责
2009 年	《国有企业与竞争中性原则》	主要探讨了两个问题：①竞争法如何适用于国有企业；②公司治理和竞争中性原则之间的关系
2010 年	《问责和透明度：国家所有权指南》	指南认为国有企业在所有权和全球市场中发挥着重要作用。透明度和问责制是投资、增长和竞争力的关键
2011 年	《澳大利亚的竞争中性和国有企业：实践回顾及对其他国家的启示》	全面介绍了澳大利亚联邦和各州的竞争中性制度框架

续表

时间	报告名称	主要内容
2011 年	《竞争中性和国有企业——挑战和政策选择》	报告总结了竞争中性在 OECD 国家和欧盟的实施情况，指出全面适用《经合组织国有企业公司治理指南》仍然任重道远
2012 年	《竞争中性：各国实践》	该报告是一份关于各国竞争中性情况的调查问卷汇总报告。报告比较分析了不同 OECD 国家的竞争中性框架，总结了在这些国家实现竞争中性的八个方面
2012 年	《竞争中性：维持国有企业与私有企业公平竞争的环境》	该报告一方面厘清私有和国有市场参与者实现竞争中性所面临的八项挑战，另一方面根据经合组织现有建议及各国实践确立解决挑战的措施。该报告对 2005 年指南进行补充，将讨论范围扩展到公共部门的全部商业活动。
2012 年	《竞争中性：经合组织建议、指南与最佳实践纲要》	该报告总结了实现竞争中性需要国家主管部门优先解决的八大问题
2013 年	《国有企业：贸易效应与政策影响》	从国际贸易视角提出三个问题：①国家所有权在全球经济中的重要性；②政府赋予国有企业什么类型的优势不符合非歧视性贸易体系的关键原则；③什么政策和做法支持所有市场参与者之间的有效竞争
2015 年	《经合组织：国有企业公司治理指南》	在 2005 年基础上更新，向各国政府提出如何确保国有企业以高效、透明和负责任的方式运作的建议

资料来源：笔者整理。

在澳大利亚国内竞争中性原则的基础上，OECD 向国际社会积极推广八个标准（见表 4–3）。2012 年，OECD 发布的《竞争中性：维持国有企业与私有企业公平竞争的环境》，首次提出了竞争中性的八个标准：一是简化国有企业经营形式，明确国家所有权职能和其他国家职能（特别是市场监管职能）进行明确分离；二是成本确认，对国企承担的特殊职能和公共义务进行全成本定价；三是国有企业在商业竞争环境下开展业务，其商业回报率应接近同业私营企业；四是厘清公共服务义务，如果国有企业有履行公共（非商业）政策职能之要求，则必须在成本与收入结构上适用高标准透明度及披露要求，以判定收支所属业务类别；五是税收中性，应尽可能保证国有企业和民营企业享受同等税收；六是监管中性，应尽可能保证国有企业和民营企业享受同等的监管待遇；七是债务与补贴中性，国有企业寻求融资时，其融资条款应与市场利率水平一致，并对国家补贴或救济行为进行约束；八是政府采购中性化，政府采购政策与程序应当具有竞争性、非歧视性，通过保证适度透明的招投标程序。

表 4-3　OECD 国企条款主要内容

措施	内容
简化国有企业运营形式	重新定义国有企业和所有权职能部门、监管部门角色，明确国有企业法律地位；厘清与政府以及国家所有权之间的关系，企业自主经营管理；将所有权职能与监管职能分离
成本确认	对国有企业因国有性质或履行公共义务所产生的成本优势或劣势进行明确和量化，保持高标准的透明度和问责力度，防止交叉补贴
商业回报率	要求从事商业活动的国有企业获得与市场水平一致的回报率
厘清公共服务义务	从事公共服务的国有企业有权获得补贴，但应明确认定公共服务目标，准确核算成本，以尽量减少补偿机制造成的竞争扭曲
税收中性	政府企业应与其私有竞争对手承担相似的税收负担
监管中性	使国有企业与私营企业面临相同的法律、政策监管环境
债务和补贴中性	同等条件下国有企业及其他政府商业活动的贷款利率应与私有企业相同。政府应保证其控制的商业实体不得从补贴资金中受益
政府采购中性	政府在安排公共采购（如公共建设、公共服务的招投标）时，使私有企业有机会参与原先由政府控制的领域，私有供应商有机会参与原先的垄断业务

资料来源：笔者整理。

在总结各国经验之后，OECD 报告指出，竞争中性的实施主要依靠两种机制。一方面，监督机制。监督机制应该包括一系列改革议程，根据监督情况修改可能需要调整的领域，确保改革持续有效。监督方式主要有：一是设立专门的监督机构，赋予监察机关进行调查、发布监督报告；二是赋予相关部门和部门负责人监督权，对改革进展情况进行报告和公布；三是通过国有企业本身向有关部门和社会公布改革进展；四是通过定期发布报告，例如委托专家评估等，对改革执行情况和绩效进行审查。另一方面，执行机制。执行机制是要求政府和国有企业实行竞争中性的相关改革机制。虽然各国执行机制可能不同，但基本要素具有共性。一是立法机制，通过立法明确国有企业在与私营企业竞争的过程中应采取的措施。二是行政机制，国有企业要履行竞争中性的义务。三是正式投诉机制，设立一个正式的投诉机构，负责调查被投诉的国有企业是否违反了竞争中性义务，并有权采取补救措施。四是充分利用各国已有的相关机制，许多国家建立了相关法规，要求政府部门及其所属企业遵守国家政策，并以此作为竞争中性制度实施的基础。

三、联合国贸易和发展会议

联合国贸易和发展会议（UNCTAD）于 2010 年成立了"研究伙伴关系平台"（Research Partnership Platform），并成立了政府间竞争政策和法律的专家组。2014 年，UNCTAD 发表了一份关于竞争中性的研究报告，其最突出的特点是以中国、印度、马来西亚和越南为代表的发展中国家为研究对象，关注这些国家的发展历史、国有企业规模、政治形态和发展阶段等方面情况。虽然该报告并未声明 UNCTAD 关于竞争中性的立场，但详尽列举了众多发展中国家国有企业的界定标准。由于这些发展中国家国有企业改革的现状与经验尚处于探索与总结阶段，该报告尚未形成可广泛应用于发展中国家的应对竞争中性原则的建议。[1]但未来可以为OECD 以发达国家为主的规则形成有力的法理补充和实践经验补充。

---

[1] 赵宏瑞 .WTO 法与中国论坛年刊（2017）[M]. 北京：知识产权出版社，2017.

第三节　具体国家实践中的国企条款

一、美国

美国国内法《美国联邦法典》，采用列举方式对政府企业类型进行了规定，概念上只简单地规定政府持股的混合所有制企业或政府全资企业即为政府企业。21世纪以前，美国以往签订的自由贸易协议中，并没有明确列出与国有企业相关的条款，"竞争中性"的概念也没有明确出现。但是，其实"竞争中性"这个概念已经在美国早有实践。[①]1890年，《谢尔曼法》由美国国会审核通过，《克莱顿法》《联邦贸易委员会法》于1914年颁布，联邦贸易委员会成为反垄断法的专门执法机构。1983年，投资协议范本第二条规定，任何一缔约方不得为国有企业或国有投资的企业提供竞争性优惠。1992年，美国以投资协议范本为基础签订的七个双边投资协定都包含国家企业非歧视条款，禁止对国家企业在销售商品和服务时进行歧视性待遇。

2008年全球金融危机爆发之后，美国开始大力推行竞争中性原则，从各个层面进行了积极的尝试。2011年5月，时任美国副国务卿的罗伯特·霍尔马茨在美国国务院网站发表了题为《竞争中性：确保全球竞争的合理基础》文章。该文认为，中国国家资本主义模式对美国竞争力及全球体系构成了挑战，因此美国呼吁更多国家参与制定竞争中性框架来调整现有经济秩序；此后，更进一步把竞争中性作为一项新的"面向21世纪、高标准的"国际规则大力推进。美中经济与安全委员会于

---

① 东艳，张琳. 美国区域贸易投资协定框架下的竞争中立原则分析 [J]. 当代亚太，2014（6）：117–131.

2011 年 10 月发布了一份题为《中国国有企业和国家资本主义研究》的报告。2011 年 11 月，亚太经合领导人非正式会议上，美国提交了一份限制国有企业的大纲；2012 年 4 月，美国与欧盟联合发表《欧盟与美国就国际投资共同原则的声明》，确立了一个核心价值，即"公平竞争环境"，这预示着欧美两国在未来签署的双边投资协议中会积极推行竞争中性；《美国双边投资协议范本》于 2012 年颁布，为国有企业设置了单独章节。同年，在中美战略和经济对话中，将保持国有企业的竞争中性问题列入其中。此外，美国积极推动各种国际组织纳入竞争中性框架。美国在 TPP、TTIP 和中美 BIT 谈判中，都把竞争中性原则列入了重要议程。2017 年，美国商务部就《中国的非市场经济地位》发表了一份备忘录，称中国政府过度"干预"经济。纵观美国现行的自贸协定，均在竞争政策章节中加入了针对国有企业和政府企业的条款，这些条款主要涉及非歧视待遇、商业考虑、透明度等相关规则。美国有关国企条款相关机制如表 4-4 所示。

表 4-4 美国有关国企条款相关机制

总体原则	基于全球视角，将竞争中性原则由国内规则上升到国际规则，用以弥补现有国际经济规则无法保证国有企业和私营企业公平竞争的缺陷
主要目的	保护本国企业竞争力，将国有企业的规范纳入到国际经济法律体系中，用双边和多边的国际法手段规制发展中国家
相关法律法规	无。多为政府官员言论及公司管理法案
主要条款	更多参考 OECD 关于国有企业治理准则并把其作为参考文本用于双多边贸易协定谈判；强调国有企业"透明性要求"；要求规范对象是国家支持的国有企业，不包括州（省）层面
控制措施	约束性原则；不当竞争行为的惩罚、调查和实施
管理机制	建立常务性质的独立政府机构（委员会）处理争议

资料来源：笔者整理。

二、欧盟

与澳大利亚类似，欧盟设立了专门的竞争中性监管框架。欧盟监管框架主要包括国有企业反不正当竞争行为、识别机制和消除竞争优势机制等。欧盟的竞争中性原则比澳大利亚更贴近竞争法。自 2009 年以来，欧盟积极推进 OECD 竞争中性原则，与美国一起推动建立高标准国际贸易投资规则，包括竞争中性原则、国有企业规制相关条款。《欧盟与美国就国际投资共同原则的声明》是欧盟与美国于 2012 年 4 月发布的，声明中列出了七项原则，其中包括营造公平竞争环境和推广"竞争中性"原则。欧盟有关国企条款相关机制如表 4–5 所示。

表 4–5　欧盟有关国企条款相关机制

总体原则	公平对待国有和私营企业，在企业所有权方面实现中立原则，要求公共和私营部门间责任相同，面临无歧视的平等竞争环境
主要目的	促进公共和私营部门在相同的平台上进行竞争，保护欧盟内部市场竞争力，并提高消费者福利水平
相关法律法规	欧盟条约、透明度指南、一般经济利益服务（SGEI）指南、政府援助、反不正当竞争及兼并条款、竞争和政府采购法等
主要条款	欧盟条约第三百四十五条关于不能损害成员国关于所有权方面的规定；第一〇六条关于平等对待方面的规定；第一〇七条关于政府援助控制方面的规定； 政府采购条款中的规定； 税收条款中的规定； 透明度指令； 竞争控制（反不正当竞争、兼并及政府援助控制）
控制措施	平等对待； 透明度审查； 政府援助控制
管理机制	赋予欧盟委员会可以处理公共部门经济活动中出现的问题权利。欧盟委员会、欧盟法院负责认定、处理违反竞争中性的行为。委员会有权要求公司停止不当竞争行为且可以通过指示性意见或决定要求成员国政府和企业停止相应行为

资料来源：笔者整理。

三、澳大利亚

第一个明确提出竞争中性政策的国家是澳大利亚。1993 年，新南威尔士大学希尔默教授在《希尔默报告》中，首次提出"竞争中性"的概念。1995 年，联邦政府与各州、地区政府联合签署《竞争原则协议》，明确全面实施竞争中性政策。1996 年，《联邦竞争中性政策声明》中正式提出了"竞争中性"的概念，即政府商业活动不应因其公共部门所有权地位而享有私营部门竞争者无法享有的竞争优势。澳大利亚的竞争中性政策涉及税收中性、债务中性、监管中性、商业回报率、价格反映成本等规范性要求（见表 4-6）。

根据澳大利亚 1998 年颁布的《联邦政府"竞争中性"指南》的相关规定，竞争中性政策实施分为五步：一是要求政府在定价时考虑所有成本，同时考虑到私营企业可能承担的成本范围；二是调整政府商业活动中可能缺失的成本，使政府的商业活动成本和私人企业成本保持一致，包括商业回报率、联邦和州政府税收、监管和债务中立；三是需要评估改革成本，然后再决定是否实行竞争中性改革，在改革净收益大于零的情况下，必须实行竞争中性改革；四是政府部门商业行为不能实行公司化改革的，该行为应当核算提供服务所必需的所有成本；五是支付竞争中性调整费。

澳大利亚政府在 2005 年度评估报告中计算了竞争中性改革的成效，该改革使澳大利亚 GDP 增长了 2.5%。2006 年，澳大利亚生产力委员会发表报告称，政府部门的企业资产超过 1740 亿澳元，每年贡献 550 亿澳元收入，若未能达到竞争中性，后果十分严重。在 1998 年，大部分政府部门的企业无法获得商业投资回报率，但是在 2004—2005 年，政府商业部门的盈利能力得到了显著的提高，如电力、水和城市交通，不过铁路、林业和港口等行业的盈利能力有所下降。事实证明，经过竞争中性改革之后的澳大利亚公共部门，与同类国家相比，异常高效。2010 年，世界银行对各国公共部门效率的衡量排名中，澳大利亚位列 OECD 国家当中的第九位。

表 4-6　澳大利亚有关国企条款相关机制

措施	内容
税收中性	政府的商业行为不得享受比其他市场竞争者更为优惠的税务减免
债务中性	政府需要为其商业行为承担与其他市场竞争者相同的信贷成本
监管中性	政府商业行为不能享受与其他市场竞争者完全不同的政策环境
商业回报率	国有企业必须提供合理的商业回报率并且需要派发商业红利
价格反映成本	国有企业的商业行为在价格制定上应完全地反映生产成本，非盈利项目的资金不得用于补贴其商业行为

资料来源：笔者整理。

四、主要东盟国家

越南、马来西亚等国有经济占比较大的国家在积极融入国际规则和区域协定以倒逼国内改革的同时，反对推进过于严格的竞争中性条款。如越南对竞争中性原则认可度较高，其于 2019 年 1 月 14 日正式实施 CPTPP。马来西亚作为 CPTPP 协议成员国，在 CPTPP 谈判中主张国有企业的条款具有一定灵活性，认为在某种程度上竞争中性在美国的推动下已经偏离国际规则而成为一种国家间利益博弈的契约。同时，马方也并不完全排斥竞争中性条款，认为其可能会成为本国国企改革的外部动力。只是马来西亚仍需要一定的时间渐进式推进改革。

1954 年对法战争结束后，越南通过将已有的私有企业国有化以及建立新的国有企业，很快建立了国有企业部门。当时，国有企业部门是依靠苏联的经济发展模式而建立的。在运营方面，国有企业完全受到中央政府直属部委或地方政府不同部门的直接控制和管理。国有企业的任务就是接受和执行由不同政府部委和部门制定的五年计划。1975年，越南北部和南部实现统一，越南发展了工业国有企业部门。20世纪80年，越南开始对国有企业进行改革，其过程从中央计划经济的行政管理原则转变为以市场经济为导向的改革。其中，国有企业股份化的数量令人印象深刻。但是，与私有企业相比，国有企业的竞争和效率较低，因为国有企业股份化倾向于在小型国有企业中实施而不是在大型国有企业。因此，国家对于经济的参与程度并未降低到与越南政府以及其他WTO成员方和CPTPP等双多边协定谈判伙伴的期望相符合。

越南政府一直致力于推动改革，积极采取对外开放战略，强化法律制度建设并实行国企股份制改造，借加入CPTPP之机突破国企改革瓶颈、实现经济快速增长的外部动力。一方面，加快推动国有企业改革。维持一些国家必须100%注册资本的行业和部门，比如炸药和有毒化学品的生产和供应、武器的制造和修理、香烟的制造、航空运营、城市轨道交通、海洋安全服务、广播电视、彩票和纸币印刷。对WTO承诺、双多边贸易协定承诺，国有企业需要推进在商业基础上的改革以及非歧视性原则。另一方面，争取更多的例外和豁免。具体到国企条款，如CPTPP第十七章虽然就国有企业的参与设定了很高的标准，但同时给予了越南、马来西亚、新加坡等国大量的例外和豁免，其结果是只有新加入者必须面对这些高标准，或者全盘接受，或者通过与美国谈判寻求例外和豁免。针对CPTPP国企纪律的"国别例外"种类繁多、形式复杂，因缔约方而异。豁免少的如日本完全没有，澳大利亚和新西兰只有一项，多的如越南有10项。如越南将国防和电信部门排除在CPTPP协议"非商业援助、商业考虑和非歧视待遇"的适用范围之外；将政府未来向从事清洁能源国有企业提供的非商业性政府支持排除在外。

五、其他发展中国家

墨西哥、印度等国有经济占比不大的发展中国家大多从 20 世纪 90 年代开始对国有企业进行有化改革。虽然竞争中性的独立框架尚未建立，也没有正式的承诺，但是它们的许多改革都涉及了竞争中性。为了保护本国企业的竞争优势，这些国家支持在国际组织和多边贸易协定中推行竞争中性原则。如墨西哥通过宪法规定国有企业的竞争地位；印度在国企改革中引入了大量的市场规则，尤其是在透明度和信息披露方面，已经达到了许多 OECD 国家标准的水平。

第四节　有关国企条款的对比及评析

一、关于国企条款的演进逻辑

从国际规则中国企条款的实践路径来看，通过欧盟模式，尤其是美国模式的转变，美欧形成了一套系统化、结构化、步骤化的行动逻辑和实践策略。具体来说，以竞争中性为指导思想和制度基础，以反补贴、反倾销措施为具体手段，以 CPTPP、USMCA、FTA 等为平台，推动国企条款纳入国际贸易和投资规则，最终维护美欧在全球经济中的主导地位，为国际贸易和投资打造更高标准的规则体系。

如图 4-2 所示，一是制度基础。竞争中性原则在美欧主导的新贸易与投资规则体系中具有基础性地位，其功能类似于决定具体制度结构与方向的基本原则。约束国有企业及政府行为是其指导思想和制度基础。一国政府必须保证国内市场的公平竞争，不能因所有制属性而给予国有企业不合理的补贴、税费优惠、融资优惠、宽松监管等各种直接或间接利益。

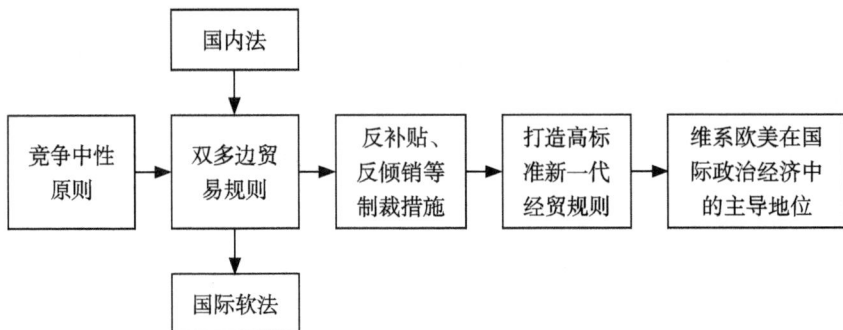

图 4-2　国际规则中国企条款的行动逻辑与实践策略

资料来源：笔者绘制。

二是实现形式。为了将这一抽象化、一般性的原则转化为具有实际约束力的规则，美欧在推进竞争中性的过程中不断赋予其国际规则属性和强制约束力，使一项源于国企改革的国内公共政策转变为判断一国政府及其国有企业行为合法性的国际经济贸易标准。具体表现为从国内规则到双多边规则再到国际软法等平台的演变，使国企条款有了法律渊源，具备了与 WTO 规则并行的形式基础。

三是约束手段。美欧通过进一步降低关税促进出口、加强国民待遇和非歧视原则、开放政府采购、加强监管合作与透明度、简化解决机制等方式塑造对新兴经济体等国家和地区的吸引力，如 CPTPP、USMCA、双边 FTA 等。同时，引入 WTO 规则多年形成的最有效、最具约束力的反补贴和反倾销制裁措施，为竞争中性原则装上了"紧箍咒"。

四是目标达成。美欧通过这种形式与内容并重的策略，逐步将国企条款塑造成为新一代贸易投资规则的基础制度，以此来维持新一代贸易和投资规则的主导地位，实现新的国际规则主导权。

二、关于国企条款的规范性要求

国企条款正逐渐成为当前国际高标准经贸规则的重要议题，代表了西方主要国家对国有企业的共同要求。强调有必要对国有企业建立基于公平竞争纪律要求的国企条款，不仅体现在这些国家的国内法律上，同时也越来越多地出现在 OECD、CPTPP、USMCA、EVFTA 等国际经贸规则上。这一规制对缔约方形成强力约束，也对未来国际经贸股市则升级有强烈的示范效应。

不仅如此，主要国际经贸规则中国企条款的规范性要求初步达成一般共识。对国有企业的规范性要求，一般涉及公司化和简化经营形式、核算特定职能的直接成本、要求合理的商业回报率以及税收中性、监管中性、债务中性、信贷中性、政府采购中性与补贴约束等（见表4-7）。

表4-7 主要国际经贸规则中的国企条款

国际规则	国企议题
WTO	目前仍处于各国博弈和改革造势阶段。争议焦点：①是否扩大公共机构范围，将国有企业视为补贴提供主体。②是否针对国有企业制定单独的纪律要求。③国有企业遵守商业考虑。④限制非商业援助，特别是政府对国有企业的补贴。⑤提高国有企业透明度。⑥扩大国有企业定义范围
CPTPP	第十七章"国有企业和指定垄断"，共15项条款、7个附件。核心内容为：①国有企业遵守非歧视待遇与商业考虑。②限制非商业援助。③提高国有企业透明度
USMCA	第二十二章"国有企业和指定垄断"，共15项条款、6个附件，主要内容基本照搬CPTPP：①扩大了国有企业定义范围（增加了决策权约束）。②非歧视待遇与商业考虑与CPTPP一致。③费商业援助与CPTPP基本一致，但扩大了资助接受者的范围、增加了三种必须禁止的非商业援助。④透明度与CPTPP基本一致，但纪律要求更严格

国际规则	国企议题
EVFTA	① EVFTA 国企条款的非商业援助纪律约束弱于 CPTPP。EVFTA 允许成员国给予企业补贴，但不得扭曲和影响正常贸易和竞争。②其他内容与 CPTPP 基本一致
USSFTA	USSFTA 是 CPTPP 相关规则的重要影响源之一。除国有企业的界定主要是定性法外，其他纪律要求与 CPTPP 基本一致。①要求"指定垄断行为要符合商业考虑，政府企业也有类似义务"；新加坡国有企业有给予其他企业非歧视待遇的广泛义务。②会员国应对方要求，能够从公开渠道获取国有企业信息。③新加坡也对国有企业的利益做了一定保留，针对行使政府职能、既非基于商业基础也非竞争性的服务，保留了相关权利
EJEPA	第十三章"国有企业、被授予特殊权利或特权的企业和指定垄断"，共八项条款。整体上，EJEPA 的国有企业纪律略高于 CPTPP 或基本一致。①核心要素是非歧视待遇和商业考虑，并确立了监管框架、信息交流规制。②与国企议题相关的还有第十章"政府采购"、第十一章"反垄断及企业合并"、第十二章"补贴"及第十七章"透明度"等纪律要求

资料来源：笔者整理。

三、关于国企条款的共识与分歧

关于国企条款的共识主要体现在原则宗旨和内容方面：

一是关于竞争中性原则宗旨的观点基本一致。国有企业由于所有制关系的特殊性，具有私营企业所缺乏的竞争优势，竞争中性原则的目的在于避免这种不公平竞争优势的产生，保证国有企业与私营企业之间的公平竞争。[①] 在澳大利亚、欧盟和 OECD 有关竞争立法中均明确规定了这一宗旨，强调政府在市场竞争中的中性地位，确保国有企业和私营企业在国际市场中平等竞争。

二是关于竞争中性原则内容的观点比较一致。通过对澳大利亚、OECD、CPTPP 等竞争中性规则的比较研究，可以发现它们各自规定了

---

① 沈伟，方荔. 国际经贸协定国企条款的立法趋势与中国的立场演化 [J]. 国际经济评论，2022（3）：1-22.

适用主体、适用标准、监督与执行机制。通过互相借鉴、吸收和认可竞争中性规则，强化了国际贸易规则中的竞争中性原则条款的应用性。

然而，关于国企条款的仍然存在一定分歧：

一是各国对竞争中性原则的看法与本国国情存在很大关系。西方很多资本主义国家，国内国有企业比较少，对竞争中性的支持度较高。在国有企业占比较高的国家，其态度是比较复杂的。如越南对竞争中性原则认可度较高，其于 2019 年 1 月 14 日正式实施 CPTPP，在国有企业的问题上，越南政府一直致力于推动改革，积极采取对外开放战略、强化法律制度建设并实行国企股份制改造，借加入 CPTPP 之机突破国企改革瓶颈、实现经济快速增长的外部动力。我国目前在竞争中性问题上态度更为谨慎。

二是对国有企业界定存在争议。竞争中性原则的适用对象是政府、国有企业、民营企业三类主体，政府与民营企业的区别并不难区分，关键在于如何界定国有企业。[①]CPTPP 对国有企业的定义不仅包括了较为明确的资本控制标准，而且还包括了更为详细的权力控制标准。但对于次级国有企业，即地方国有企业是否应遵循竞争中性原则，以及标准设置尚存在讨论空间。

三是有观点认为竞争中性概念具有主观性和欺蒙性。有学者利用马克思主义的市场经济观分析认为，即使是简单商品流通的市场竞争者也不能说都是无差别、"中性"的，资本流通的市场竞争有多方面关系，都不存在所谓市场竞争中性。资本主义国家提出竞争中性，要求私营企业同资本主义国有企业平等竞争，这只能是私人资本家的一厢情愿和自欺欺人。这是因为，要求取消资本主义国有企业对私营企业的竞争优势，无异于要求废除现代资本主义经济所必需的"稳定器"，一旦失

---

① 闫海，王洋. 论法治化营商环境视阈下的竞争中立原则 [J]. 商业研究，2019（10）：128-135.

去了这个"稳定器",现代资本主义的诸多矛盾就会立即被激化和恶化,为私营企业敲响丧钟。在这一点上,取消国有经济的竞争中性实际上只会加速私人资本家的灭亡。[①]

四、关于国企条款的可接受程度

所谓关于国企条款的可接受程度,是指在给出关于国有企业规则内容的情况下,结合我国国有企业相关制度,我国能否接受相关规范约束以及接受的程度如何,包括完全接受、部分接受和不可接受三种基本类型。为了对关于国企条款的可接受程度有一个直观的把握,在本部分,笔者将以 CPTPP 第十七章"国有企业和指定垄断"为例,逐条分析对于国企条款的可接受程度。

(一)关于"第 17.1 条 定义"的可接受程度分析

CPTPP 第十七章"国企条款和指定垄断"第一条对 13 个术语的内涵和外延进行了界定,分别为"安排""商业活动""商业考虑""指定""指定垄断""政府垄断""独立养老金""市场""垄断""非商业援助""公共服务授权""主权财富基金""国有企业"。从可接受程度的视角来看,这些术语的内涵已经在具体的条文中进行了明确界定,如果要选择加入,就必须接受。但是,部分术语的内涵和外延也存在一定的模糊空间以及不同国家的特殊性,因此,在选择加入 CPTPP 谈判中,需要对这些模糊空间或国家的特殊性进行深入博弈。以独立养老基金和国有企业定义为例,分别考察对于相关条款的接受程度。

在独立养老基金方面。从 CPTPP 具体的规定来看,关于独立养老基金的定义中第(b)款明确"对(a)款所指自然人负有受信责任"。而第(a)款所标识的独立养老金的活动包括"对养老金、退休、社会

---

① 何干强. 关乎坚持维护宪法尊严的一个重大经济理论问题——"竞争中性"辨析 [J]. 高校马克思主义理论研究,2020,6(1):39-47.

保障、残疾、死亡或职工福利，或其中的任何组合进行管理或提供计划，且仅为作为该计划出资人的自然人及其受益人的利益"。从我国关于基本养老保险的制度规定来看，根据《中华人民共和国社会保险法》第十一条的规定，我国"基本养老保险实行社会统筹与个人账户相结合"；"基本养老保险基金由用人单位和个人缴费以及政府补贴等组成"。显而易见，我国基本养老基金计划的出资人除了自然人之外，还有用人单位和政府补贴。从 CPTPP 关于独立养老金的定义来看，我国基本养老保险基金可能并不符合。因此，我国只能部分接受 CPTPP 关于独立养老金的定义，并在谈判过程中通过例外的方式作出妥善处理。

在国有企业定义方面。从 CPTPP 具体的规定来看，主要由两个层面四个方面的标准。第一个层面是关于开展生产运营活动的性质，CPTPP 关于国有企业定义明确"主要从事商业活动"。如果企业并非从事商业活动，那么即使拥有国有股权，也不属于 CPTPP 所规范的国有企业类型。第二个层面是关于股权、控制权的要求，包括三个方面的标准，分别是缔约方在其中"直接拥有 50% 以上的股份资本"，或"通过拥有者权益控制 50% 以上投票权的行使"，或"拥有任命大多数董事会或其他同等管理机构成员的权利"。从我国的制度环境来看，国有企业的定义和范围并没有明确的规定。比如，《中华人民共和国公司法》（以下简称《公司法》）对国有独资公司进行了特别的规定，第六十五条规定，国有独资公司"是指国家单独出资、由国务院或者地方人民政府委托本级人民政府国有资产监督管理机构履行出资人职责的有限责任公司"。比较而言，CPTPP 关于国有企业的定义和范围大于《公司法》关于国有独资公司的界定。再如，《国家统计局关于对国有公司企业认定意见的函》认为国有企业有广义的国有企业和狭义的国有企业之分。其中，广义的国有企业是指"具有国家资本金的企业"，包括三个层次。第一层次是纯国有企业，表现为"国有独资企业、国有独资公司和国有联营企业三种形式，企业的资本金全部为国家所有"。第二层次是国有控股企业，表现为"国有绝对控股"和"国有相对控股"两种形式，其中国有绝对控股企业是指"在企业的全部资本中，国家资本（股本）所占比例大于 50% 的企业"；国有相对控股企业是指"在企业的全部资本中，国家资本（股本）所占的比例虽未大于 50%，但相对大于企业中的其他经济成分所占比例的企业（相对控股）；或者虽不大于其他经济成分，但根据协议规定，由国家拥有实际控制权的企业（协议控制）"。第三层次是国有参股企业，是指"具有部分国家资本金，但国家不控股的企业"。不过，从社会认知来看，我国普遍认为的国有企业内涵和范围是高于 CPTPP 关于国有企业的定义的。因此，我国可以接受 CPTPP 关于国有企业的定义。不过，需要特别指出的是 CPTPP 关于国有企业定义"拥有任命大多数董事会或其他同等管理机构成员的权利"的内容，其中"其他同等管理机构"的认定比较模糊，这一点需要在正式的谈判过程中进行明确。

（二）关于"第 17.2 条 范围"的可接受程度分析

CPTPP 第十七章"国企条款和指定垄断"第二条对国企条款的规定范围的 11 个方面进行了明确，具体可以概况为：一个适用、四个不妨碍、五个不适用、一个不得。"一个适用"是指国企条款适用于"一缔约方的国有企业和指定垄断在自由贸易区内对缔约方间的贸易和投资产生影响的活动"，明确了国企条款的基本范围。"四个不妨碍"包括不妨碍"一缔约方的中央银行或货币主管机关开展监管获监督活动或执行货币和相关信贷政策及汇率政策"，不妨碍"一缔约方的金融监管机构包括非政府机构……对金融服务提供者行使监管或监督权"，不妨碍"一缔约方或其一国营企业或国有企业为解散破产中或已经破产的金融机构，或破产中或已经破产的主要从事金融服务提供的其他任何企业所从事的活动"。"五个不适用"包括"不适用于一缔约方的主权财富基金"，不适用于"一缔约方的独立养老基金"或"一缔约方的独立养老基金拥有或控制的企业"，不适用于"政府采购"，不适用于"在行使政府职权时提供的任何服务"及其他不适用的情况。"一个不得"是指不得"解释为妨碍一缔约方：设立或维持一国营企业或国有企业；或指定一垄断者"。因此，我国可以接受 CPTPP 关于范围的相关规定。

（三）关于"第 17.3 条　授予职权"的可接受程度分析

CPTPP 第十七章"国企条款和指定垄断"第三条对国有企业接受政府授予征税、发放许可、批准商业交易等权力的情况进行了明确，即国有企业、国营企业和指定垄断可以接受缔约方授予的指示或者任何监管、行政或其他政府职权，但是相关实体需要"以与该缔约方在本协定项下的义务不相抵触的方式行事"。显而易见，CPTPP 关于授予职权的要求，主要是明确了授予职权之后相关实体的义务。因此，我国可以接受 CPTPP 关于授予职权的相关规定。

（四）关于"第 17.4 条　非歧视待遇和商业考虑"的可接受程度分析

CPTPP 第十七章"国企条款和指定垄断"第四条对国有企业、指定垄断在购买货物或服务、销售货物或服务过程中应当遵守商业和非歧视原则进行了明确，并对国有企业或指定垄断的权力也作出了交代。

整体来看，关于国有企业或指定垄断的非歧视待遇和商业考虑的要求同我国国有企业改革的大致方向一致，我国相关法律法规对于国有企业平等参与市场竞争也进行了明确的规定。比如《企业国有资产法》第六条明确规定，"国务院和地方人民政府应当按照政企分开、社会公共管理职能与国有资产出资人职能分开、不干预企业依法自主经营的原则，依法履行出资人职责"。再如国务院发布的《优化营商环境条例》第五条明确规定，"国家加快建立统一开放、竞争有序的现代市场体系，依法促进各类生产要素自由流动，保障各类市场主体公平参与市场竞争"。因此，我国可以接受 CPTPP 关于非歧视待遇和商业考虑的相关规定。但是，需要特别指出的是，当前，我国一些国有企业在购买货物或服务以及销售货物或服务的过程中，可能存在不一定严格按照商业考虑或非企业原则的行为，这些行为随着我国不断深化国有企业改革的推进，会不断符合相关规则的要求。

（五）关于"第 17.5 条 法院和行政机构"的可接受程度分析

CPTPP 第十七章"国企条款和指定垄断"第五条对国企条款的执行涉及的法院管辖权和行政机构进行了明确。

在法院管辖权方面，CPTPP 明确规定，"各缔约方应保证给予其法院对于基于在其领土内从事的一商业活动，针对一外国拥有或通过拥有者权益控制的企业提起的民事诉讼的管辖权"。从国内立法来看，我国没有普遍意义上的关于对外国国有企业在我国境内开展商业活动的管辖权专门规定，但我国存在对于外国中央银行财产司法强制措施豁免的相关规定。比如，我国《外国中央银行财产司法强制措施豁免法》第一条就明确规定"中华人民共和国对外国中央银行财产给予财产保全和执行的司法强制措施的豁免"，不过这种豁免权是有前提条件的，第三条明确规定如果"外国不给予中华人民共和国中央银行或者中华人民共和国特别行政区金融管理机构的财产以豁免，或者所给予的豁免低于本法的规定的"，那么"中华人民共和国根据对等原则办理"，也就是说也不给予豁免。如果将我国这种针对外国中央银行财产的司法强制措施豁免规定推广到关于外国国有企业，那么 CPTPP 关于司法管辖权的规定就同我国相关规定存在不一致的地方。从国际协议的签订来看，2004 年我国签署《联合国国家及其财产管辖豁免公约》，尽管当前依然没有经过全国人大批准，但是该公约的规定也反映了我国政府对于相关问题的立场，其第五条明确规定"一国本身及其财产遵照本公约的规定在另一国法院享有管辖豁免"。显而易见，CPTPP 关于司法管辖权的规定，明显超越了《联合国国家及其财产管辖豁免公约》的相关规定。从现实视角来看，尽管各缔约方给予其法院对相关问题的管辖权一视同仁，但是由于我国国有企业数量和规模均较其他国家多，所以在实际当中，我国参与 CPTPP 可能面临不公平性。总体来看，针对 CPTPP 关于司法管辖权的规定，我国在进入 CPTPP 进程中，需要作出妥善的博弈。

在行政机构公正监管方面，CPTPP 明确规定，"各地约方应保证，该缔约方设立或维持的监管国有企业的任何行政机构以公正的方式对其所监管的企业，包括非国有企业行使其监管自由裁量权"。我国《宪法》第十八条明确规定"中华人民共和国允许外国的企业和其他经济组织或者个人依照中华人民共和国法律的规定在中国投资，同中国的企业或者其他经济组织进行各种形式的经济合作"，"在中国境内的外国企业和其他外国经济组织以及中外合资经营的企业，都必须遵守中华人民共和国的法律"，"它们的合法的权利和利益受中华人民共和国法律的保护"。显而易见，我国的基本制度环境同 CPTPP 关于行政部门公正监管方面的规定一致。总体来看，对于 CPTPP 行政部门公正监管的规定，我国是可以完全接受的。

（六）关于"第 17.6 条　非商业援助"的可接受程度分析

CPTPP 第十七章"国企条款和指定垄断"第六条对国企条款的非商业援助进行了明确，主要包括四项条款，即围绕缔约方自身的援助、缔约方国营企业和国有企业提供的援助、缔约方对在另一缔约方领土内的投资提供的援助等情况，并明确"一缔约方的国有企业在该缔约方领土内提供的服务应视作未造成不利影响"。

总体来看，我国改革实践和制度环境同 CPTPP 关于非商业援助的精神一致。比如，2007 年 8 月通过并于 2022 年修订的《中华人民共和国反垄断法》（以下简称《反垄断法》）第七条明确规定"具有市场支配地位的经营者，不得滥用市场支配地位，排除、限制竞争"，当然也包括国有企业；第八条明确规定"国有经济占控制地位的关系国民经济命脉和国家安全的行业以及依法实行专营专卖的行业，国家对其经营者的合法经营活动予以保护，并对经营者的经营行为及其商品和服务的价格依法实施监管和调控，维护消费者利益，促进技术进步"，并明确"前款规定行业的经营者应当依法经营，诚实守信，严格自律，接受社会公众的监督，不得利用其控制地位或者专营专卖地位损害消费者利益"。2002 年 6 月通过并于 2014 年 8 月修订的《中华人民共和国政府采购法》（以下简称《政府采购法》）第三条明确规定"政府采购应当遵循公开透明原则、公平竞争原则、公正原则和诚实信用原则"。

然而，根据 CPTPP 关于非商业援助的判定标准，存在四类情况的援助可被认定为非商业援助，分别为："该缔约方或该缔约方的任何国营企业或国有企业明确将帮助限定于其任何国有企业"；即便没有限定于国有企业，但是"该缔约方或该缔约方的任何国营企业或国有企业提供的帮助主要由该缔约方的国有企业使用"；即便不是主要由该缔约方的国有企业使用，但是"该缔约方或该缔约方的任何国营企业或国有企业将不成比例的大量帮助提供给该缔约方的国有企业"；即便不是由国有企业不成比例的享有，但是"该缔约方或该缔约方的任何国营企业或国有企业在提供帮助时，通过使用其自由裁量权对该缔约方的国有企业给予照顾"。由于我国国有企业规模庞大、数量较多，即便没有明确将相关补贴专项补贴给国有企业，但是结果也可能主要由国有企业获取。在加入 CPTPP 的谈判过程中，如何界定国有企业获取非商业援助的性质，到底是因为国有企业的所有制性质，还是因为国有企业的规模、占比较多等，需要进行明确的界定和澄清。

（七）关于"第 17.7 条 不利影响"的可接受程度分析

CPTPP 第十七章"国企条款和指定垄断"第七条对国企条款的非

商业援助造成不利影响的内容进行了明确，主要包括六项条款，也就是说非商业援助只有在造成不利影响时，才属于 CPTPP 关于非商业援助相关规则的规范范围。按照 CPTPP 国企条款和指定垄断第十七章第七条关于不利影响的规范，不利影响主要表现为如下五个方面：获取非商业援助的国有企业在货物生产和销售中，取代或阻碍该缔约方市场从另一缔约方进口同类货物，或作为该缔约方领土内涵盖投资的企业所生产的同类货物的销售；获取非商业援助的一缔约方的国有企业的货物生产和销售渠道或阻碍另一缔约方领土内涵盖投资的企业生产的同类货物在该另一缔约方市场的销售，或一非缔约方市场从另一缔约方进口同类货物；获得非商业援助的一缔约方的国有企业生产的货物或销售的货物价格大幅削减；获得非商业援助的一缔约方的国有企业提供的服务取代或阻碍另一缔约方或第三方缔约方的服务提供者从该另一缔约方市场上提供的服务；获得非商业援助的一缔约方的国有企业在另一缔约方市场上提供的服务，相较于该另一缔约方或第三方缔约方的服务提供者在相同市场上提供的同类服务，价格大幅削减，或在相同市场上存在显著价格抑制、价格压低或销售损失。

显而易见，CPTPP 对于不利影响的内容进行了详细的界定，我国在加入 CPTPP 的谈判进程中，需要在接受不利影响内容界定的基础上，进一步在非商业援助条款中进行深入的博弈。

（八）关于"第 17.8 条　损害"的可接受程度分析

CPTPP 第十七章"国企条款和指定垄断"第八条对国企条款的非商业援助造成损害的内容及其计算过程进行了明确，整体而言有利于各方更好地对非商业援助的影响进行测算以及在此基础上的各方博弈，我国整体上可以接受。

该条的主要内容包括五项条款。其中第一款明确了"损害"的内容，也就是指"对一国内产业的实质性损害、对国内产业的损害威胁或

对建立该产业的实质阻碍"，并强调"实质性损害的认定应基于肯定性
证据，并对相关因素进行客观审查"；第二款明确"关于获得非商业援
助的涵盖投资的产量，应考虑产量的绝对数量或相对于声称已受损害的
该缔约方领土内的生产或消费是否已大幅增加"，对于涵盖投资的生产
对于价格的影响，该款还明确"应考虑相较于国内产业生产和销售的同
类货物，涵盖投资生产的货物价格是否已存在大幅削减，或涵盖投资的
生产是否将大幅压低价格或阻止本会发生的价格上涨"；第三款明确了
关于审查获得非商业援助的涵盖投资生产和销售的货物对国内产业的影
响，"应包括对影响产业状况的拥有相关经济因素和指标的评估"；第四
款明确了"必须证明涵盖投资生产和销售的货物通过非商业援助的影响
造成本条意义上的损害"，也就是可证明性，并且"因果关系的证明应
基于对拥有相关证据的审查"；第五款要求，"对损害威胁的认定应基于
事实，而非仅基于主张、推测或极小的可能性"，并且，"对损害威胁的
认定应当特别谨慎"，"涵盖投资的非商业援助可能造成损害的情势变化
必须能够清晰预见且迫在眉睫"。

（九）关于"第 17.9 条 缔约方特定附件"的可接受程度分析

CPTPP 第十七章"国企条款和指定垄断"第九条对国企条款的缔
约方特定附件的内容进行了明确，包括允许缔约方在非歧视待遇和商业
考虑以及非商业援助的条款中，将不适用的情形列在附件 4 作为不符活
动进行排除；允许缔约方在非歧视待遇和商业考虑、法院和行政机构、
非商业援助和透明度的不适用情况在附件 17-D 中进行排除；允许新加
坡以附件 17-E 的形式提出不适用的情形，允许马来西亚以附件 17-F
的形式提出不适用的情形。

显而易见，本条主要是明确了缔约方的豁免遵守相关规则的情形，
我国可以充分利用附件 4、附件 17-D，甚至提出自己的 17-G 的方式，
将我国豁免遵守的规则或情形进行排除，所以可以完全接受本条的规则。

（十）关于"第 17.10 条　透明度"的可接受程度分析

CPTPP 第十七章"国企条款和指定垄断"第十条对国企条款的透明度内容进行了明确，包括九款内容。

关于第一款，CPTPP 明确要求，"各地约方应自本协定对该缔约方生效之日起 6 个月内，向其他缔约方提供或通过官方网站公布其国有企业名单，且此后应每年更新"。我国已经建立以各级国有资产监督管理委员会为核心的国有资产监督管理机制，并且在相应国有资产监督管理委员会官方网站对相关国有企业进行了公布，所以完全符合该款的规定，完全可以接受。

关于第二款，CPTPP 要求"各地约方应迅速向其他缔约方通报或通过官方网站公布对垄断的指定或对现有指定垄断范围的扩大及其制定条件"。在当前我国制度框架下，接受本款项的内容也不存在问题，我国已经开展相关的工作。

关于第三款，CPTPP 要求"经另一缔约方书面请求，如该请求包括一国有企业和指定垄断的活动可能如何影响各缔约方之间的贸易和投资的解释，则一缔约方应迅速提供关于该实体的下列信息"，包括"在该实体董事会担任职务或成员的任何政府官员的政府头衔""关于该实体最近 3 年的年收入和总资产的可获信息"等六个方面。一方面，我国很多国有企业已经上市，上市公司关于信息披露的要求较 CPTPP 更为广泛，对于作为上市公司的国有企业，完全符合相关的透明度要求；另一方面，本款要求的"迅速提供"不甚明确，需要在加入 CPTPP 谈判中进行明确。

关于第四款，CPTPP 提出，"经另一缔约方书面请求，如该请求包括对政策或项目如何影响或可能影响缔约方之间贸易和投资的解释，一缔约方应迅速书面提供其采取或维持的规定提供非商业援助的政策或项目的信息"。本款内容关于"迅速书面提供"的描述也存在模糊的空间，"迅速"的时间节点如何界定，需要在进一步的谈判中进行明确。

第五款主要是对第四款中需要提供信息的内容进行了详细的限定，包括"在该政策或项目下提供的非商业援助的形式（即赠款、贷款）""提供非商业援助的政策或项目的法律依据和政策目标"等十个方面。该条款有利于规范政府部门或国有企业提供非商业援助，有利于我国深化关于包括政府补贴在内的各类非商业援助制度。

关于第六款，CPTPP明确了关于第四款不予提供相关信息的情形，即"如一缔约方认为其未采取或维持任何符合第四款要求的政策或项目"，那么该缔约方"应就此书面通知请求的缔约方"。显而易见，这就为有效保护"信息提供缔约方"的权益提供了保障，完全可以接受。

关于第七款，CPTPP对于第五款的相关信息要点如果没有具体回复的情形也提出了应对，即缔约方"应在书面答复中就此作出说明"，也就是作出说明即可，不一定提供第五款所要求的所有信息。

关于第八款，CPTPP明确，"依据第五款和第七款提供信息并不预判作为第四款下请求对象的非商业援助的法律地位或其在本协定项下的影响"，也就是说，第五款、第七款相关信息只是判断非商业援助法律地位的基础信息，究竟如何判断，还需要深入地分析。

关于第九款，CPTPP明确了请求的缔约方的保密义务，即"当一缔约方根据本条的请求提供书面信息并通知请求的缔约方其认为相关信息涉密"，那么"请求的缔约方未经提供信息的缔约方事先同意，不得披露该信息"。需要特别指出的是，尽管明确了保密的义务，但是对于违反保密义务之后的"后果"或"惩罚举措"，CPTPP并未明确，因此这些内容需要在加入CPTPP的谈判中进行明确。

（十一）关于"第17.11条 技术合作"的可接受程度分析

CPTPP第十七章"国企条款和指定垄断"第十一条对国企条款的技术合作内容进行了明确。

根据CPTPP规则，"缔约方应在适当和取决于可获得资源的情况下开展相互同意的技术合作活动",技术合作的内容主要是:"就缔约方在改进国有企业公司治理和经营方面的经验交换信息""分享政策方法的最佳实践,以保证国有企业和私营企业之间的公平竞争,包括与竞争中立相关的政策""组织国际研讨会、座谈会或其他任何相关论坛,分享国有企业公司治理和经营的技术信息和专门知识"。从内容的视角来看,CPTPP 关于相关的技术合作要求规定可以接受,事实上,我国当前的国有企业改革实践也开展了相关工作,包括在保证国有企业和私营企业之间的公平竞争方面,出台了一系列的政策文件。不过,需要指出的是,在进一步的谈判中,需要明确本条的一些模糊用语。比如"在适当……的情况下"、"在……取决于可获得资源的情况下"、开展"相互同意"的技术合作活动等,这些均是需要明确的内容。

（十二）关于"第 17.12 条　国有企业和指定垄断委员会"的可接受程度分析

CPTPP 第十七章"国企条款和指定垄断"第十二条对国企条款的执行机制进行了明确,即依托"国有企业和指定垄断委员会"。

本条明确设立国有企业和指定垄断委员会,并提出委员会的组成、委员会的职责以及委员会的议事频次和方式。整体而言,我国可以接受。

（十三）关于"第 17.13 条　例外"的可接受程度分析

CPTPP 第十七章"国企条款和指定垄断"第十三条对国企条款规范的例外情况进行了明确,为开展国有企业改革留下了极大的空间,所以完全可以接受。我国可以根据相关原则性规定,结合我国基本情况,提出更为详细的"例外情况"。本条包括五款内容,对各种情况的例外情况进行明确。

在第一款,CPTPP 明确"非歧视待遇和商业考虑"及"非商业援助"不得解释的两种情形,分别为:不得解释为"妨碍任何缔约方采取或实施措施，以临时应对全国或全球经济紧急状况"；不得解释为"适用于一缔约方为应对全国或全球经济紧急状况而在紧急状况期间对其临时采取或实施措施的国有企业"。显而易见，在应对全国或全球经济紧急状况时，政府部门和国有企业可采取的行动在 CPTPP 规则中可以"例外"。

在第二款，CPTPP 明确"第十七章第四条第一款不适用于国有企业根据政府授权提供金融服务"，但是前提条件包括三种情形：支持出口或进口的金融服务无意取代商业金融，或提供条件不优于从商业市场上获得的类似金融服务；支持该缔约方领土之外的私人投资的金融服务无意取代商业金融，或提供条件不优于自商业市场上获得类似金融服务；如在安排的范围之内的金融服务，以与安排相一致的条件提供。显而易见，这种对于国有企业根据政府授权提供金融服务的例外可以接受。

在第三款，CPTPP 对于金融服务提供所在的一缔约方要求建立本地存在以提供此类服务的例外情况进行了明确，也是可以接受的内容。

在第四款，CPTPP 明确"非商业援助"不适用于因其丧失抵押品赎回权或与债务违约有关的类似行为，这也是可以接受的内容。

在第五款，CPTPP 明确非歧视待遇和商业考虑、非商业援助、透明度、国有企业和指定垄断委员会不适用于在前三个连续的财务年度中的任何一年，自商业活动获得的年收入低于依照附件 17-A 计算的门槛金额的国有企业或指定垄断。显而易见，本条款将一些规模较小的国有企业排除在国企条款的范围之外，对于我国量大面广的国有企业情形而言，可以接受。

（十四）关于"第 17.14 条 进一步谈判"和"第 17.15 条 信息形成过程"的可接受程度分析

CPTPP 第十七章"国企条款和指定垄断"第十四条对国企条款规范的纪律扩大的谈判时间和主要内容进行了明确；第十五条对于争端解决机制进行了明确，属于 CPTPP 规范的基本规则内容，可以接受。

第五章　中国国有企业改革的制度变迁

中国国有企业改革 40 余年的发展历程，大致经历了放权让利、两权分离、制度创新、重组调整、全面深化改革五个制度变迁阶段。本章基于中国国有企业改革的历史实践，对中国国有企业改革到当前阶段进行了初步总结和评价，进而对中国国有企业的产生、特征和改革重点作出判断，提出关于中国国有企业改革重要趋势的基本观点。

第一节　中国国有企业改革的发展历程

1978 年 12 月，党的十一届三中全会召开以后，中国拉开了改革开放的序幕，国有企业也开启了改革探索之路。回顾中国国有企业改革 40 余年的发展历程，大致经历了五个阶段。

一、从国有国营到放权让利（1978—1984 年）

改革开放初期，中国国企改革的重心主要集中在国有企业和政府机构之间的权力关系和利益关系上。改革开放以前，国家对国有企业实行计划统一下达，资金统贷统还，物资统一调配，产品统收统销，就业统包统揽，盈亏都由国家负责，国有企业没有什么经营自主权。[①] 也就

①彭建国. 中国企业改革三十年回首 [N]. 中国企业报，2008-10-17（004）.

是说，在计划经济体制下，国有企业只是政府部门的附属物，完全没有经营自主权，企业的生产、供销、人财物完全由国家统筹，实行计划管理。国企改革初期，国有企业不敢奢望成为真正的市场主体，其目标仅仅是部分放权，特别是调整利益关系。

处于这一阶段的国有企业，只是在生产计划、产品销售、产品价格、物资购买等方面对企业有较少的放宽。因此，仅仅是在改进的计划经济理论指导下，扩大国有企业自主权，主要是通过国家行政命令计划进行调整，市场调节仅起到补充和辅助作用。

二、政企分开与两权分离（1985—1992 年）

党的十二届三中全会后，城市经济体制改革成为重点，企业改革成为经济体制改革的中心环节。1984 年 10 月，中共十二届三中全会通过了《关于经济体制改革的决定》，提出我国社会主义经济是有计划的商品经济，认为计划和市场是内在统一的，计划和市场都是覆盖全社会的，提出"国家调节市场，市场引导企业"的指导方针。在这个理论的指导下，国有企业被界定为相对独立的商品生产者和经营者。主要是探索税利分流经营、承包经营、租赁经营、股份经营等两权分离的有效途径，增强企业活力。如 1985 年开始，国企长期实行的"党委领导下的厂长负责制"转变成"厂长负责制"。

处于这一阶段的国有企业，改革重点是通过两权分离改变企业内部制度，增强企业活力，尤其侧重权力关系的调整，解决了国有企业进入市场的问题。通过经营承包制将国有企业引入市场，短期内可以调动企业经营者的积极性，但出现了企业发展后劲不足等问题。

三、现代企业制度与抓大放小（1993—2002 年）

进过放权让利、两权分离的实践探索，社会上普遍认识到对企业制度进行变革的重要性。1993 年 11 月，党的十四届三中全会通过了

《关于建立社会主义市场经济体制若干问题的决定》，进一步明确国有企业改革的目标是建立产权清晰、权责明确、政企分开、管理科学的现代企业制度。1993 年 12 月，《公司法》出台为建立现代企业制度和后来的公司制改革奠定了法律基础。1998—2000 年，针对 20 世纪 90 年代出现的国有企业大面积亏损和普遍经营困难问题，国家实施了以"抓大放小"为主要思路的三年脱困改革攻坚，通过债转股、技改贴息、政策性关闭破产等一系列政策措施，[①] 缓解了国有企业的经济压力，推进了技术进步和产业转型，有利于国企的优胜劣汰，使国企总体上扭亏为盈，保证了国有经济的持续健康发展。

处于这一阶段的国有企业，改革成效比较明显。一方面，国有企业建立和完善现代企业制度取得进展并持续深化，企业制度实质性变革取得成果，并较好地支撑了经济体制改革。另一方面，国有大中型企业三年脱困目标在 2000 年底基本实现。

四、国资管理体制改革和国有经济布局战略性调整（2003—2012 年）

2003 年以前，国务院是国有资产出资人的唯一代表，但实际上国有资产出资人职能分散在国家计委、经贸委、财政部、劳动与社会保障部门等多个部委。这种"九龙治水"的模式造成政出头多、关键时却无人负责的局面。2003 年 3 月，作为国家出资人代表的国资委成立。2003 年 5 月，国务院发布了《企业国有资产监督管理暂行条例》，对国有资产管理体制进行改革，设立国务院国资委作为政府特设机构，为规范建立企业国有资产出资人制度提供了基本依据。国务院国资委履行出资人职能，实行"管资产和管人管事相结合"，初步探索形成了新的国资监管体制。在中国的社会主义市场经济条件下，摸索出了一条有利于

---

① 张林山. 国资国企分类监管政策研究 [M]. 北京：中国言实出版社，2015.

国有企业发展壮大的道路。

处于这一阶段的国有企业，改革向纵深发展。特别是国资委作为唯一出资人，站在国有经济整体布局和结构优化的角度，对国有经济布局进行战略性调整重组。按照国有经济"有进有退、有为、有所不为"的方针，使国有企业更加集中在关系国民经济命脉的重要行业和关键领域。中央企业80%以上资产集中在石油、石化、电力、国防、通信、交通、矿业、冶金、机械等行业，是国民经济发展的骨干力量。通过重组和调整，培育出一批具有国际竞争力的企业航母。

五、全面深化国有企业改革（2013年至今）

党的十八大以来，特别是党的十八届三中全会通过了《中共中央关于全面深化改革若干重大问题的决定》以后，我国国有企业改革进入全面深化阶段。2015年8月，党中央国务院发布《关于深化国有企业改革的指导意见》，此后相关部门又出台一系列配套文件，不断形成以"1+N"政策体系为主的国企改革顶层设计方案，国企改革政策框架的四梁八柱不断建立，成为全面深化国有企业改革的重要制度基础。2020年6月，中央全面深化改革委员会第十四次会议审议通过《国企改革三年行动方案（2020—2022年）》，成为三年来落实国有企业改革"1+N"政策体系和顶层设计的具体施工图。深化国有企业改革，就是要让市场在资源配置中发挥决定性作用，使国有企业成为完全独立的市场主体。同时，国有资本管理体制也相应改革，按照"管资本"的要求进一步完善国资管理体制。

处于这一阶段的国有企业，关注重点更多放在如何与民营企业、外资企业等其他所有制组织开展公平竞争。2013年，党的十八届三中全会通过《中共中央关于全面深化改革若干重大问题的决定》，提出"国家保护各种所有制经济产权和合法利益，保证各种所有制经济依法平等使用生产要素、公开公平公正参与市场竞争、同等受到法律保护，依法监管各种所有制经济"。[①]2017 年，党的十九大报告再次强调，"清理废除妨碍统一市场和公平竞争的各种规定和做法，支持民营企业发展"。[②]2020 年，中共中央、国务院发布《关于新时代加快完善社会主义市场经济体制的意见》[③]，继续沿用保证各种所有制经济依法平等使用生产要素、公开公平公正参与市场竞争、同等受到法律保护的论述。

第二节　中国国有企业的产生、特征和改革重点

我国国有企业的产生和西方发达国家国有企业产生的历史背景不同，具有不同的特征，我国开展国有企业改革的重点任务也具有特殊性。为了明确我国国有企业改革的重点，并为进一步探索我国国有企业改革的基本方向，笔者在对我国国有企业改革历史进程进行分析的基础上，围绕我国国有企业的产生、特征和改革重点进行详细的探讨。

一、中国国有企业产生的背景独具特色

我国国有企业在短短几十年内经历了西方国家数百年才完成的经济积累和体制转型期。与西方国家相比，我国国有企业的发展起点和演进历程截然不同。西方国家一般先有市场经济，后有国有企业，我国则

① 《中共中央关于全面深化改革若干重大问题的决定》[EB/OL].（2013-11-15）[2022-01-02]. http://www.gov.cn/jrzg/2013-11/15/content_2528179.htm.

② 习近平：《决胜全面建成小康社会 夺取新时代中国特色社会主义伟大胜利——在中国共产党第十九次全国代表大会上的报告》，http://www.china.com.cn/19da/2017-10/27/content_41805113.htm[EB/OL]，2017-10-27/2022-1-2.

③ 《中共中央 国务院关于新时代加快完善社会主义市场经济体制的意见》[EB/OL].（2020-05-11）[2022-01-02]. http://www.gov.cn/zhengce/2020-05/18/content_5512696.htm.

是先有国有企业，再有市场经济。西方国家大多由封建制经济过渡到资本主义经济，在市场经济萌芽并迅速发展之后，由于市场固有的缺陷，出现了国有企业。① 因此，西方国家国有企业的定位比较明确，国有企业的大致边界也比较容易确定，国有企业一开始并不是市场经济的主角，只是国家调控和干预经济的手段之一，是市场经济体制下的一个非常有限的补充。而新中国在成立初期实行的是计划经济体制，国有企业是计划经济体制的天然代表，它涵盖了经济生活的方方面面。由于当时生产力和管理能力不能满足客观要求，不能充分体现计划经济的优越性，反而凸显出种种弊端，实行市场经济是特定历史时期的必然理性选择。然而，经济体制转型并非一朝一夕就能完成，固有的观念、客观经济和社会状况会极大地阻碍体制转型。

二、中国国有企业在国民经济中的特征突出

第一，整体上看，国有企业的数量虽然明显低于民营企业，但其资产和净资产规模却远高于民营企业。② 一是从国有控股工业企业与私营工业企业的数量对比来看，国有企业数量远低于民营企业。根据《中国统计年鉴》（2021）披露的数据，2012 年国有控股工业企业数量为1.79 万个，私营工业企业数量为 18.93 万个；2020 年国有控股工业企业数量为 2.21 万个，私营工业企业数量为 28.64 万个：两者之间的差距并没有呈现缩小的趋势（见图 5-1）。二是 2012—2020 年间，国有企业的

---

① 1933 年资本主义世界性经济危机爆发后，资本主义国家为摆脱危机，发展起一定规模的国有经济。到 20 世纪 70 年代中期，包括美国在内的 70 多个资本主义国家中，国家投资在全社会固定资产投资中所占比重平均为 16.5%，国有经济大部分分布在钢铁、能源、石油、电力、机械等基础行业，以及铁路、公路、航空、邮电、通信等公用事业部门。参见：宗寒. 国有经济读本 [M]. 北京：经济管理出版社，2002 年。

② 需要说明《中国统计年鉴》中对工业的统计，按注册类型划分，"国有控股工业企业 + 私营工业企业 + 外商投资和港澳台商投资工业企业"的统计口径小于"规模以上工业企业"，也就是说，非国有、非外资、非私营的工业企业没有包括进来。

资产规模均远高于民营企业。其中，2012年国有控股工业企业的资产规模为31.21万亿元，私营工业企业为15.25万亿元，而2020年国有控股工业企业的资产规模高达50.05万亿元，私营工业企业则为34.50万亿元（见图5-2）。三是国有企业的净资产规模明显高于民营企业。其中，2012年国有控股工业企业的净资产规模为12.07万亿元，私营工业企业为6.98万亿元，而2020年国有控股工业企业的净资产规模为21.13万亿元，私营工业企业为14.67万亿元（见图5-3）。

通过上述数据对比可以发现，从企业单位数来看，随着国有企业战略重组的深入，国有企业逐渐退出一般性竞争领域，企业数量稳中有增；而民营企业开始进入或加快投资相关行业，企业数量急剧增长。从企业规模来看，国有企业通过向关键行业集中实现资产规模和净资产规模的扩张，继续发挥着国有经济的主导作用。

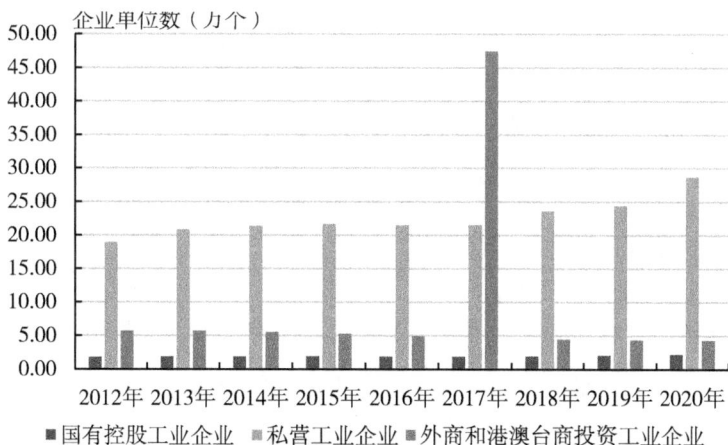

图5-1 不同所有制企业单位数变化趋势

资料来源：笔者根据《中国统计年鉴》（2021）数据绘制。

资产总计（万亿元）

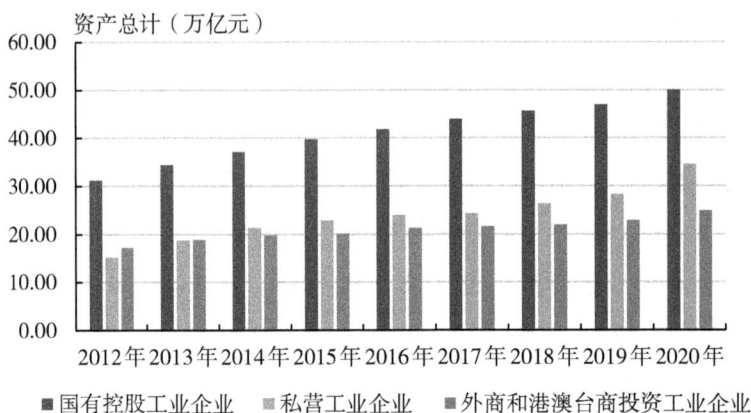

国有控股工业企业　私营工业企业　外商和港澳台商投资工业企业

图5-2　不同所有制企业负债总计变化趋势

资料来源：笔者根据《中国统计年鉴》（2021）数据绘制。

净资产（万亿元）

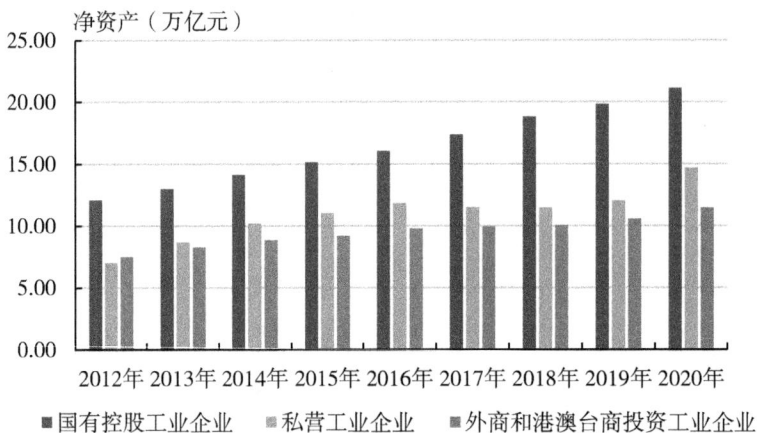

国有控股工业企业　　私营工业企业　　外商和港澳台商投资工业企业

图5-3　不同所有制企业净资产变化趋势

资料来源：笔者根据《中国统计年鉴》（2021）数据绘制。

第二，从具体行业来看，国有企业仍然主要分布在石油石化、电力、煤炭开采、装备制造等关键性行业。总体上看，根据《中国统计年鉴》（2021）提供的2020年规模以上工业各行业营业收入数据计算整理，国有企业仍然主要分布在石油天然气、电力热力、煤炭开采、装备制造等关键行业（见表5-1）。与2012年主要指标相比，国有控股比重最高的前十个行业并没有发生明显改变。不仅如此，对2020年工业部门中所有行业（共计41个行业）的国有控股比重进行计算，发现国有资本控股工业企业占比超过20%的行业主要有以下三类：一是行政垄断行业，如煤炭、石油、天然气开采和洗选等。其中，国家烟草专营的烟草制品业，国有控股工业企业占比高达99.7%；开采专业及辅助性活动、石油和天然气开采业，国有控股工业企业占比分别达到91.7%和82.7%。二是传统的自然垄断行业，如电力、燃气、水务等。其中，电力、热力生产和供应业，水的生产和供应业，燃气生产和供应业，国有控股工业企业占比分别达到91.2%、75.6%和53.9%。三是资质管理类行业。行业管理需要资质，即有比较高的技术、经济门槛，也存在一定的牌照数量限制，如汽车整车制造业、装备制造业等。其中，汽车制造业，金属制品、机械和设备修理业，国有控股工业企业占比分别达到36.4%和51.6%，国有企业占据主导地位。

表5-1　2020年国有控股工业企业占比超过20%的行业

行业 ＼ 营业收入及占比	营业收入（亿元）	国有控股工业企业占比
烟草制品业	11332.6	99.7%
开采专业及辅助性活动	1870.9	91.7%
电力、热力生产和供应业	61040.6	91.2%
石油和天然气开采业	5485.7	82.7%
水的生产和供应业	2528.7	75.6%
煤炭开采和洗选业	12721.1	69.0%
石油、煤炭及其他燃料加工业	22443.2	60.9%
铁路、船舶、航空航天和其他运输设备制造业	7980.2	55.3%
有色金属矿采选业	1227.4	54.8%

续表

行业 \ 营业收入及占比	营业收入（亿元）	国有控股工业企业占比
燃气生产和供应业	4723.6	53.9%
金属制品、机械和设备修理业	799.8	51.6%
黑色金属矿采选业	1647.3	46.6%
有色金属冶炼和压延加工业	18647.1	40.8%
黑色金属冶炼和压延加工业	23497.7	39.0%
汽车制造业	33019.4	36.4%
酒、饮料和精制茶制造业	4143.6	33.5%
其他制造业	736.1	33.2%
化学原料和化学制品制造业	13133.3	25.7%
非金属矿采选业	646	21.0%

资料来源：笔者根据《中国统计年鉴》（2021）数据绘制。

三、公平参与市场竞争是国企改革的重点内容主题

市场经济体制建立之后，国有企业公平竞争问题逐渐暴露出来。在计划经济时期，国有企业是市场的主体，甚至是唯一的主体，因此企业只是完成国家计划的单位，没有明显的竞争关系。随着我国市场经济体制的建立和民营经济的崛起，这种局面发生了根本性的改变。市场经济是一种竞争经济，它要求企业不论何种性质、规模大小，均应公平竞争，受到市场制度的公平对待和保护。在市场经济条件下，国有企业要与其他"新的"市场主体——民营企业、外资企业进行竞争。随着民营企业的迅速发展，国有企业和其他所有制企业之间的公平竞争已成为社会经济发展的主要矛盾。

这一政策主题其实早在20世纪90年代就已经萌芽。1993年，党的十四届三中全会通过《中共中央关于建立社会主义市场经济体制若

干问题的决定》，明确提出"国家要为各种所有制经济平等参与市场经济创造条件，对各类企业一视同仁"。①进入 21 世纪之后，要求各类所有制企业进行公平竞争的呼声日益高涨。2005 年，国务院发布《关于鼓励支持和引导个体私营等非公有制经济发展的若干意见》（"老36 条"），提出要进一步解放思想，深化改革，消除影响非公有制经济发展的体制性障碍，确立平等竞争的市场主体地位，实现公平竞争。②2007 年，党的十七大报告提出，要"形成各种所有制经济平等竞争、相互促进新格局"。2010 年，国务院发布《关于鼓励和引导民间投资健康发展的若干意见》（"新 36 条"），更加明确地将平等竞争与市场经济体制联系在一起，明确提出要推动各种所有制经济平等竞争、共同发展，要充分发挥市场配置资源的基础性作用，建立公平竞争的市场环境。2012 年以来，构建各类所有制企业公平竞争的发展环境成为政策重点。除少数特殊情况之外，不同所有制企业原则上都应当在市场中公平竞争、优胜劣汰，而不是将不同所有制区分开来实行有差别的政策。③2013 年，党的十八届三中全会通过《中共中央关于全面深化改革若干重大问题的决定》，提出"国家保护各种所有制经济产权和合法利益，保证各种所有制经济依法平等使用生产要素、公开公平公正参与市场竞争、同等受到法律保护，依法监管各种所有制经济"。④2019 年，中共中央、国务院印发《关于营造更好发展环境支持民营企业改革发展的意见》，强调"保障民营企业依法平等使用资源要素、公开公平公正参

①《中共中央关于建立社会主义市场经济体制若干问题的决定》[EB/OL]．（1993-11-14）[2022-01-02]．http：//www.people.com.cn/item/20years/newfiles/b1080.html.
② 冷兆松．发展混合所有制经济的决策演进 [J]．当代中国史研究，2015，22（6）：36-45.
③ 张文魁．我国企业发展政策的历史逻辑与未来取向 [J]．管理世界，2021，37（12）：15-24.
④《中共中央关于全面深化改革若干重大问题的决定》[EB/OL]．（2013-11-15）[2022-1-2]．http：//www.gov.cn/jrzg/2013-11/15/content_2528179.htm.

与竞争、同等受到法律保护"。[①]2020 年，中共中央、国务院发布《关于新时代加快完善社会主义市场经济体制的意见》，继续沿用保证各种所有制经济依法平等使用生产要素、公开公平公正参与市场竞争、同等受到法律保护的论述。[②]

第三节　中国国有企业改革趋势探析

从国有企业改革的历程以及我国国有企业基本情况来看，我国国有企业改革的趋势特点可以归为三个方面的坚持，分别为坚持和完善基本经济制度的重要目标、坚持"增强五个力"的微观基础以及坚持和加强党的全面领导的核心任务。

一、坚持和完善基本经济制度的重要目标

坚持和完善社会主义基本经济制度要求，要毫不动摇巩固和发展公有制经济，毫不动摇鼓励、支持、引导非公有制经济发展，充分发挥市场在资源配置中的决定性作用，更好发挥政府作用。既要推动国有资本和国有企业做强做优做大，提升企业核心竞争力；又要优化民营企业发展环境，依法保护民营企业产权和企业家权益，促进民营经济发展壮大。国有经济的发展并不意味着民营经济不能发展，民营经济已成为中国国民经济的重要组成部分。民营经济与国有经济不是对立的，不是零和博弈的，而是有机统一、相互促进、共同发展的。

坚持基本经济制度就是要让各类所有制企业公平竞争。为此，中

①《关于营造更好发展环境支持民营企业改革发展的意见》[EB/OL].（2019-12-4）[2022-1-2].
　http://www.gov.cn/zhengce/2019-12/22/content_5463137.htm.
②《中共中央 国务院关于新时代加快完善社会主义市场经济体制的意见》[EB/OL].（2020-5-
　11）[2022-1-2]. http://www.gov.cn/zhengce/2020-05/18/content_5512696.htm.

国已经开始了竞争中性原则的初步实践。2013 年，上海自贸试验区经国务院批准正式成立，这为我国实践竞争中性政策提供了理想的实践试点平台。2014 年，《中国（上海）自由贸易试验区条例》第十三条规定，对外商投资实行准入前国民待遇加负面清单管理模式；第四十七条规定，"自贸试验区内各类市场主体的平等地位和发展权利，受法律保护。区内各类市场主体在监管、税收和政府采购等方面享有公平待遇"。① 虽然其中并未明确竞争中性原则，但是其平等保护市场主体并给予相同待遇的要求与竞争中性原则高度一致。2015 年，国务院印发《关于实行市场准入负面清单制度的意见》，旨在构建全面的市场准入管理体系。所谓市场准入负面清单制度，是指国务院以清单方式明确列出在中华人民共和国境内禁止和限制投资经营的行业、领域、业务等，各级政府依法采取相应管理措施的一系列制度安排。市场准入负面清单以外的行业、领域、业务等，各类市场主体皆可依法平等进入。这就意味着无论国有企业还是民营企业，无论外资企业还是内资企业，只要法律不禁止都可以进入某行业、领域，并从事某项业务，即"法无禁止皆可为"，而政府部门"法无授权不可为"，这就限制了政府对市场的干预。2016 年，国务院出台《关于建立公平竞争审查制度的意见》，旨在有效规范政府行为，减少政府行政干预对市场造成的不当影响，这是我国继《反垄断法》出台后对维护市场竞争作出的重大制度性安排。

二、坚持"增强五力"的微观基础

"增强五个力"，即通过改革，不断增强国有经济的竞争力、创新力、控制力、影响力、抗风险能力。不断增强国有经济的竞争力，即通过体制改革转变国有企业机制，增强国有企业的市场竞争力，尤其是国

---

① 《中国（上海）自由贸易试验区条例》[EB/OL].（2020-07-25）[2022-1-8]. https：//hk.lexiscn. com/law-law-chinese-1-2421410-T.html.

际竞争力；不断增强国有经济的创新力，即通过深化改革，增强员工内生动力，调动员工积极性、主动性和创造性，整合各种创新资源，优化要素配置，提高国有企业创新能力；不断增强国有经济的控制力，即增强国有经济在国家安全、国民经济命脉、产业安全、资源安全、基础设施和公共服务等方面的控制力；不断增强国有经济影响力，即体现和实现国家战略导向能力，尤其在宏观调控方向、科技创新和新兴战略性产业方面发挥积极；不断增强国有经济的抗风险能力，即防范国有企业的战略风险、经营风险、财务风险、贪腐风险，确保国有企业整体具备抵御经济下行压力、承担急难险重任务的能力。

三、坚持和加强党的全面领导的核心任务

中国共产党是中国特色社会主义事业的领导核心，党政军民学，东西南北中，党是领导一切的。国有经济是中国特色社会主义重要的物质基础和政治基础，是保障国家安全、提供公共服务、提高国际竞争力的重要支柱，是社会主义现代化建设的重要力量。随着我党工作重心转向经济建设，必须坚持党对经济工作的全面领导。国有资产是全体人民的共同财富，国有经济是国民经济的主导，国有企业在国民经济中不仅占比较大，而且地位作用十分突出，是国民经济压舱石和顶梁柱，因此必须坚持党对国有企业的全面领导。党对国有企业的领导，是国有企业的"根"和"魂"，是国有企业作为市场主体平等参与市场竞争的独特优势。

第六章　中国国有企业不断深度融入国际规则

改革开放之后，尤其是党的十八大以来，我国坚持社会主义市场经济改革方向，持续深化国有企业改革，不断建立符合我国基本经济制度和社会主义市场经济发展要求的国资国企体质、机制和制度，国有企业同国际规则尤其是国际规则中的国企条款适应性大幅提升。在国际规则所关注的政府采购、市场准入、融资渠道、信息披露等领域，不同所有制市场主体地位和受到待遇差异性持续缩小，中国国有企业已经深度融入国际规则体系。

第一节　政府补贴改革进程

政府补贴，一般指的是政府或者授权组织所有提供的直接或者间接使受援助的企业获益的一种财政援助，涉及直接的行政给付行为，以及间接的国家实行的税收优惠等减免性资助行为。不论企业以什么名义得到的财政补贴，均意味着企业实际利益的增加使其经济状况获得一定程度的改善。本节根据政府补贴的形态不同，将政府补贴分为非货币性补贴和货币性补贴，来分析更加符合国际规则的我国政府补贴体系不断建立健全。

一、非货币性补贴

所谓非货币性补贴，指政府向企业无偿或者低价提供稀缺性公共资源，既涉及土地、矿产、林地等对有形公共资源的补贴，又涉及无线信号频段、航线和航班等对无形公共资源的补贴。我国并未针对非货币性补贴的所有制导向作出明确的定向规定，并且，随着国有企业布局的战略性调整以及一些自然垄断行业改革的深化推进，上述非货币性补贴领域的所有制差别也不断弱化。

（一）有形资源使用持续惠及多种所有制企业

在土地资源方面，我国不断建立市场化的土地资源使用机制。改革开放前，我国土地流转基本上是以行政划拨方式进行的，企业通过行政分配获得土地，无需缴纳土地租金。由于当时我国的企业主要是国营企业，所以行政划拨的土地主要由国营企业获得和使用。1988 年，第七届全国人民代表大会第一次会议通过《中华人民共和国宪法修正案》，明确对宪法第十条第四款修订为"任何组织或者个人不得侵占、买卖或者以其他形式非法转让土地。土地的使用权可以依照法律的规定转让"，标志着我国的土地使用制度从土地无偿使用向土地有偿使用转变。然而，土地制度改革后我国城市土地初次流转仍然存在着"双轨制"，即行政划拨土地制度和土地使用权市场交易制度并存。①2019 年 9 月新修订的《中华人民共和国土地管理法》一方面规定"建设单位使用国有土地，应当以出让等有偿使用方式取得"，进一步为土地使用权市场交易制度奠定了法律基础；另一方面，该法也明确提出以划拨方式获得土地的情形，分别为国家机关用地和军事用地；城市基础设施用地和公益事业用地；国家重点扶持的能源、交通、水利等基础设施用地；法律、行政法规规定的其他用地。通过上述法律可以看到，我国当前已经建立起

---

① 孙佑海. 城市土地初次流转问题与对策 [J]. 中国土地，2000（7）：19-22.

基于市场化配置土地资源的拍卖、招标、双方协议等土地出让方式。无论对于国有企业，还是对于民营企业，亦或是对于外资企业，要想获得相关土地的使用权，必须基于市场经济原则公平竞争。对于通过划拨方式配置土地资源的方式，我国相关法律法规并没有对建设单位的性质进行限定，只是对以划拨方式获得的土地用途进行了限定。如果民营企业或外资企业处于相关行业，也可以在符合相关规定的条件下，参与土地资源配置。尽管当前处于上述行业的国有企业占比较高，但是随着我国混合所有制改革的不断深入以及市场准入负面清单的压缩，非国有企业通过划拨方式获得土地的机会也会越来越多。尤其是考虑到当前较多国际规则的国企条款对国有企业定义进行了明确的限定（比如，CPTPP 国企条款中，国有股权低于 50% 就可能不被认定为国有企业），相较于国有企业，其他性质企业通过划拨方式获得建设用地的占比也会持续提升。可以说，我国建设用地资源持续惠及各类所有制企业。

在矿产资源方面，我国不断建立面向各类市场主体公平竞争的矿业权出让机制。比如，2009 年 8 月修订的《中华人民共和国矿产资源法》（以下简称《矿产资源法》）明确提出，"对集体矿山企业和个体采矿实行积极扶持、合理规划、正确引导、加强管理的方针，鼓励集体矿山企业开采国家指定范围内的矿产资源，允许个人采挖零星分散资源和只能用作普通建筑材料的砂、石、粘土以及为生活自用采挖少量矿产"。再如，2020 年 5 月正式实施的《自然资源部关于推进矿产资源管理改革若干事项的意见》明确提出，"继续推进油气（包括石油、烃类天然气、页岩气、煤层气、天然气水合物，下同）探矿权竞争出让试点"，允许"在中华人民共和国境内注册，净资产不低于 3 亿元人民币的内外资公司"按规定取得油气矿业权。尽管我国国有企业在石油、天然气、煤炭、稀土、有色金属等行业均占有重要地位，但是随着我国市场准入的不断放宽，尤其是随着国有企业混合所有制改革的不断深化，对各类市场主体一视同仁的、公平竞争的矿产资源市场不断形成。根据《2021 中国民营企业 500 强调研分析报告》披露的数据，在有色金属矿采选业、煤炭开采和洗选业等矿产资源领域，我国已经涌现出了一些典型的民营企业。

（二）无形资源使用不断覆盖各类市场主体

在无线频谱资源使用方面，非国有企业不断成为重要参与者。在全球通信行业中，无线频谱资源为公共资源，通信企业使用无线频段需支付相应的牌照费。在我国，中国移动、中国联通、中国电信，这三家国有电信运营商一直是这些公共资源的使用主体。从无线电频率资源的配置来看，我国持续创新竞争性获取无线电频率资源许可的方式。2016 年 11 月修订的《中华人民共和国无线电管理条例》明确要求，"地面公众移动通信使用频率等商用无线电频率的使用许可，可以依照有关法律、行政法规的规定采取招标、拍卖的方式"，"无线电管理机构采取招标、拍卖的方式确定中标人、买受人后，应当作出许可的决定，并依法向中标人、买受人颁发无线电频率使用许可证"。2016 年 12 月，中央办公厅、国务院办公厅发布《关于创新政府配置资源方式的指导意见》，明确要求"对无线电频率等非传统自然资源，推进市场化进程"。2017 年 10 月，工信部无线电管理局印发《关于采用竞争性方式开展 1800MHz 频段无线接入系统频率使用许可试点工作的通知》，明确提出要开展无线电频率使用许可的竞争性方式分配试点工作。这也是我国首次引入竞争性方式开展无线电频率使用许可的试点。之后，山西、安徽、河南、重庆和新疆等省区市陆续组织开展试点工作。从无线电频率资源占用费来看，根据 2016 年 12 月施行的新修订的《中华人民共和国无线电管理条例》，"用无线电频率应当按照国家有关规定缴纳无线电频率占用费"，"无线电频率占用费的项目、标准，由国务院财政部门、价格主管部门制定"。在实际操作中，主要是由工信部拟定无线频段资源价格，报请国家发改委和财政部核准。以 2G、3G 牌照费为例，我国 2G 牌照资费每五年调整一次，从 2002 年开始，2007 年调整一次，2013 年工信部发布《关于建议重新核定第二代蜂窝公共通信网络频率占用费标准的函》，明确提出"在全国使用的 GSM、CDMA 网络频率，900MHz 频段（含 800MHzCDMA 频段）每年 1700 万元 /MHz，1800MHz 频段每年 1400 万元 /MHz"，2G 频段资源收费较 2007 年定价基本持平，其中，1800MHz 频段每年降低 100 万元 /MHz。根据 2010 年工信部《关于申请核定第三代公共移动通信网络频率占用费收费标准的函》以及 2011 年《国家发展改革委、财政部关于核定第三代公众移动通信网络频率占用费收费标准及有关问题的通知》，3G 牌照费与 2G 牌照资费保持基本一致，且给予了优惠政策。比如，《关于核定第三代公众移动通信网络频率占用费收费标准及有关问题的通知》（发改价格〔2011〕749 号）明确提出，"考虑到我国第三代公共移动通信业务处在起步阶段，运营企业仍需加大投入，同意上述收费标准从 2011 年起分四年逐步到位，2011 年按 25%，2012 年按 50%，2013 年按 75%，2014 年及以后按 100% 收取"。总体而言，在获取频率资源方面，我国不断引入竞争机制，并已经在相关省区市开展相关机制的试点工作。无论是国有企业还是民营企业，在获取相关频段资源方面，均需要参与市场竞争。并且随着我国国有企业改革的深入，国有股权的占比不断下降至 50% 以下，受到国际规则国企条款约束的国有企业占比也不断降低。比如，根据中国联通的股权占比分析，国有股权已经降至 50% 以下，其已经不属于国际规则国企条款的约束对象，国家或国有企业向其提供频段资源并非非商业援助条款的约束范围。

在航线资源方面，各类航空公司公平参与的格局不断形成。航路和航路资源是公共资源，属于国家或全体国民所有，因此航空公司利用这种资源进行经营，应当支付相应的费用。长期以来，我国航空公司过去使用的航线及航班资源都是由中国民航局通过政府行政审批的形式无偿分配的。2002 之后，我国航线资源开始引入有偿使用制度，采用了市场化的方式来分配航线和航班资源，由各类航空公司支付有偿使用费，并以民航基础设施建设基金的形式纳入国库。根据 2021 年 4 月新修改的《中华人民共和国民用航空法》，"公共航空运输企业的营业收费项目，由国务院民用航空主管部门确定"。其中，"国内航空运输的运价管理办法，由国务院民用航空主管部门会同国务院物价主管部门制定，报国务院批准后执行"，"国际航空运输运价的制定按照中华人民共和国政府与外国政府签订的协定、协议的规定执行；没有协定、协议的，参照国际航空运输市场价格确定"。显而易见，我国在航空市场运价方面的市场化改革不断深入。在航线资源的获取方面，根据 2018 年民航局印发的《国际航权资源配置与使用管理办法》，引入有序竞争是国际航权资源配置的重要原则，我国明确提出"按照市场主导、政府引导的原则，政府有效调控，空运企业适度竞争，促进国际航空运输市场健康、有序发展"。根据《"十四五"民用航空发展规划》，我国在"十四五"期间将"推进民航信息服务领域的市场化改革，放开竞争性环节准入，进一步引入市场竞争机制"，并围绕提高资源配置效率，"完善国际航线扶持政策，规范市场秩序，减少无序竞争"。可以说，在航线资源获取方面，我国已不断建立各类企业公平竞争的市场格局。

二、货币性补贴的所有制特征持续弱化

长期以来，国有企业是我国货币性补贴的主要接受者。随着我国补贴制度改革的深入推进，我国政府补贴尤其是货币性补贴的接受主体已经发生显著变化。政府补贴的范围并不局限于国有企业，民营企业、外资企业等非国有企业也有可能获得政府补贴，只要满足了具体的补贴条件，包括国有企业、民营企业、外资企业在内的各类市场主体均可以向相关部门申请政府补贴。

（一）专属性亏损补贴逐渐成为历史

对国有企业补贴是国有企业自诞生之初就伴随至今的产物，但随着经济体制转轨过程中企业性质、形态的变化，企业享受到的补贴也随之发生变化。

在新中国成立至 1978 年改革开放期间，国有企业作为政府计划的具体实施部门，其盈亏均由政府承担，因此国有企业在此期间所获得的每一分钱都是政府直接补贴。当时的政府补贴与现代政府补贴不同，它不属于市场经济范畴。

从 1978 年开始，国有企业成为独立的市场主体，政府对国有企业的盈利给予了肯定，此后才算是现代意义上的补贴。1978 年 2 月 20 日，国务院关于批转《全国企业扭亏增盈工作会议纪要》时指出："一切国营企业，除政策性亏损外，必须有利可图，不可亏本，政策性亏损，主要指购销价格倒挂、购销同价、国家调整价格所造成的亏损，不得任意扩大。"1994 年，财政部、国家体改委、国家经贸委联合印发了《全民所有制企业政策性亏损定额补贴管理办法》，指出"政策性亏损是指企业因价格原因所造成的亏损，以实现国家社会公益目的或生产指令性计划产品。对于政策性亏损，物价主管部门应当有系统地调整或放开产品价格来解决。无法调整或放开产品价格的，经财政部门审核批准后，给予补贴或补偿"。同时，明确了政策性亏损补贴的范围，包括："（1）生产经营由国家统一定价的产品、商品、物资，其销售收入不足弥补企业按规定摊入的生产成本费用、原始进价，及有关税金，而形成的亏损；（2）承担国家掌握宏观调控手段所需的商品、物资所发生的相关费用；（3）全民所有制农业企业因长期承担特定任务而不具备生产经营条件；（4）国家规定的其他补贴。"

2007 年以前，国家每年公布国有企业政策性亏损补贴金额。如据《中国统计年鉴》（2007）所载，从 1985 年到 2006 年，国家对国有企业累计发放了 5798.51 亿元的政策性亏损补贴。国有企业的政策性亏损补贴不属于支出项目，而是属于财政收入的减项，因此国有企业可以绕开预算监管程序。2007 年后，由于我国加入世界贸易组织，承诺取消 SCM 协定第三条范围内的所有补贴及对国有企业补贴，国家不再公布政策性亏损补贴金额。尽管当前我国国有企业还收到国家补贴，但是从性质来讲，该类补贴主要是补偿性质的补贴，确切地说应该是"补偿"。如中国石化 2008 年 3 月 20 日发布的公告显示，中国石化及其附属公司获得了 123 亿元的补贴，其中 49 亿元计入 2007 年补贴收入，74 亿元计入 2008 年第一季度补贴收入。究其原因，国际油价与国内成品油价格的增长并不同步，导致我国原油价格与成品油价格的倒挂，导致炼油企业成本上升、利润下降，从而导致亏损加剧。

从历史视角来看，政府对国有企业进行专属性政策补贴有其特殊的时代背景。在改革开放初期，政府给予国有企业政策性补贴，保证了在民营经济尚未发展起来的时期，社会总产出不会大幅下降，使社会福利水平保持在可接受的水平上，不至于在转轨时期出现社会动荡。[①] 从现实视角来看，在我国市场经济发展取得显著成就的今天，政府对于国有企业专属性政策补贴的减少具有深刻的现实背景。一方面，国有企业大多已经历了公司制改革，成为规模庞大、实力雄厚的国有企业集团。当前，众多国有企业集团仍承担较大社会责任，其下属子公司、分公司的具体业务也可能因政府价格管制而出现亏损。因此，在此背景之下，为了积极支持国有企业履行社会责任，承担由于政府价格管制而遭受到的损失，政府部门需要对国有企业进行相应的货币性补偿。另一方面，我国也积极规范政府补偿机制。2020 年开始实施的全国国有企业改革三年行动，明确将建立健全符合国际惯例的补贴体系作为重要内容。建

---

① 张晖，倪桂萍. 财政补贴、竞争能力与国有企业改革 [J]. 财经问题研究，2007（2）：86-92.

立健全符合国际惯例的补贴体系就是要推进我国财政补贴体系同国际高标准经贸规则接轨，既要适应我国国情，也需要符合国际惯例。经过近年来的探索，我国关于国有企业补偿的测度标准不断建立，补贴规模持续科学化。不仅如此，随着我国国有企业通过上市等方式实现混合所有制改革，我国国有企业接受政府补偿的透明度也不断提升，社会各界均可以通过上市平台获取相关补贴标准、范围、金额等内容。

（二）非专属性补贴

除了国有企业接受专属性补偿不断规范和更加符合国际规则之外，我国许多作为产业政策的补贴项目也不断规范，并对各类市场主体一视同仁，如科技创新、就业和新兴产业等，既有国家项目，也有地方项目。从理论层面来讲，这些补贴项目适用于所有符合条件的企业。从现实层面来讲，我国民营企业获得相关补贴的金额不断增加，占比不断提高，有些外资企业也获得相应的政府产业补贴资金。可以说，作为产业补贴的各类补贴项目持续公平地向各类企业进行配置。以我国科技领域相关奖励为例，根据 2022 年 1 月正式施行的《中华人民共和国科学技术进步法》明确提出，可以按照国家有关规定享受税收优化的企业类型，包括"从事高新技术产品研究开发、生产的企业""科技型中小企业""投资初创科技型企业的创业投资企业"，以及"法律、行政法规规定的与科学技术进步有关的其他企业"。

第二节　市场准入改革进程

衡量市场是否实现充分竞争的一个重要指标是企业能够自由进入或退出相关产业。市场准入制度所体现的政府干预源于自由市场存在的市场失灵，具有必要性和合理性。在既定的限制范围内，市场准入制度应当体现公平对待不同市场主体。市场准入制度公平是指只要符合市场准入的一般或特殊条件，不论其性质、形态如何，均可平等自由地进入市场。近几年来，我国一直在不断放宽市场准入限制，逐步降低准入门槛成为我国市场准入改革的主要趋势。

一、极少数领域对民营企业进行限制

在我国，尽管通过相关法律法规的规定，部分行业或行业中的部分业务只允许国有企业垄断经营，但这些国有企业专属的领域极为有限。2020年5月，《中共中央 国务院关于新时代加快完善社会主义市场经济体制的意见》指出，"在要素获取、准入许可、经营运行、政府采购和招投标等方面对各类所有制企业平等对待"，"完善支持非公有制经济进入电力、油气等领域的实施细则和竞争性环节电价"，"推进油气管网对市场主体公平开放"，"建立市场准入负面清单动态调整机制和第三方评估机制"等，[①] 说明尽管存在极少数领域民营企业无法进入，但是这些领域正在逐步缩小。

第一，行政垄断行业类不断对各类市场主体开放。国家垄断某些行业的专营权在国外也并不少见，我国自汉朝"盐铁专营"开始，就存在国家垄断一些行业的传统。一是烟草行业。《中华人民共和国烟草专卖法》（以下简称《烟草专卖法》）明确指出，"国家对烟草专卖品的生产、销售、进出口依法实行专卖管理，并实行烟草专卖许可证制度"[②]。关于烟草制品的销售和运输，《烟草专卖法》明确提出，"经营烟草制品批发业务的企业，必须经国务院烟草专卖行政主管部门或者省级烟草专

---

① 《中共中央 国务院关于新时代加快完善社会主义市场经济体制的意见》[EB/OL].（2020-05-11）[2022-01-02]. http://www.gov.cn/zhengce/2020-05/18/content_5512696.htm.

② 《中华人民共和国烟草专卖法》（2015年修订）[EB/OL].（2015-04-24）[2022-01-02]. http://www.huzhou.gov.cn/hzgov/front/s59/xxgk/zcwj/20200923/i2775348.html. 1991年6月29日，《中华人民共和国烟草专卖法》经第七届全国人民代表大会常务委员会第二十次会议通过，2009年、2013年、2015年做过三次修订。

卖行政主管部门批准，取得烟草专卖批发企业许可证，并经工商行政管理部门核准登记"。显而易见，尽管我国对于烟草行业施行专卖制度，但是并没有要求在收购、生产、运输、销售等过程必须是国有企业，在符合相关规定的情况下，民营企业可以进入烟草行业。二是国防军工行业稳步引入民营企业等多种市场主体。各类武器的生产事关国家安全、人民安全和社会稳定，主要是由国有企业从事。近年来，随着"军民融合"政策的深入，国防军工部分非敏感环节、军民通用技术与产品逐步不放开给民营企业进入。三是矿产资源领域也积极引入民营企业参与。《矿产资源法》①第三条指出，"矿产资源属于国家所有，由国务院行使国家对矿产资源的所有权"。第四条明确规定了开采矿产资源的主体，"国家保障依法设立的矿产企业开采矿产资源的合法权益。国有矿山企业是开采矿产资源的主体。国家保障国有矿业经营的巩固和发展"。与此同时，也应该看到，《矿产资源法》单列第五章，明确集体矿山企业和个人采矿的规范，明确提出"国家对集体矿山企业和个体采矿实行积极扶持、合理规划、正确引导、加强管理的方针，鼓励集体矿山企业开采国家指定范围内的矿产资源，允许个人采挖零星分散资源和只能用作普通建筑材料的砂、石、粘土以及为生活自用采挖少量矿产"。显而易见，以矿山资源为典型的矿产资源并未只限定国有企业进入。1999 年颁布的《关于清理整顿小炼油厂和规范原油成品油流通秩序的意见》对非法采油和土法炼油进行了取缔，对小炼油厂进行了清理整顿，不断形成规范的原油配置、成品油集中批发和零售市场，不断形成相对集中的由国有企业占主导的石油开采、炼油、销售市场。近年来，我国坚持循序渐进思路逐渐放开石油市场。随着 2019 年 12 月《商务部关于做好成

---

① 《中华人民共和国矿产资源法》（2009 年修正）[EB/OL].（2009-08-27）[2022-1-2]. http：// www.gold.org.cn/hjbindex/tjlm/syzc/201802/t20180228_177122.html. 1986 年 3 月 19 日，《中华人民共和国矿产资源法》经第六届全国人民代表大会常务委员会第十五次会议通过，1996 年、2009 年做过两次修订。

品油流通管理"放管服"改革工作的通知》的发布，我国对各类市场主体从事石油成品油批发、仓储经营活动等不断进行放开。当前，在成品油零售市场，我国逐渐形成国有企业和民营企业各占半壁江山的格局；在石油炼油方面，我国民营企业占全部炼油市场的份额也将近超过三成。四是邮政行业涌现一大批民营企业。根据《邮政普遍服务监督管理办法》第三条、第四条①，《中华人民共和国邮政法实施细则》第二条、第三条②等相关内容规定我国邮政普遍服务业务由国家实行专营，具体实施专营由邮政企业负责。在《国务院关于组建中国邮政集团公司有关问题的批复》中，中国邮政集团公司按照国家有关规定，承担邮政普遍服务的职责；受国家委托，承担机要通信业务、义务兵通信等特殊服务。近年来，随着我国经济规模扩张，我国邮政市场不断开放，我国民营快递企业不断涌现，形成了顺丰、圆通、韵达、京东等一系列快递公司。

　　第二，自然垄断行业不断引入民营资本。自然垄断行业是由于存在规模经济效应和范围经济效应，某些产品和服务由单个企业大规模或网络化生产经营比多个企业同时生产经营更有效率；而基础设施和公共事业更突出公益性，往往投资比较大，生产运营要求稳定，产品或服务品质要求高，而且由于涉及民生，政府对其价格进行管制，不允许高价或乱涨价，最典型的行业就是供水供气供电供热行业。一是供水供气供热行业并不排斥非国有资本。2015年6月1日，国家发展和改革委员会、财政部、住房和城乡建设部、交通运输部、水利部、中国人民银行联合发布《基础设施和公用事业特许经营管理办法》，指出"中华人民共和国境内的能源、交通运输、水利、环境保护、市政工程等基础设施

①《邮政普遍服务监督管理办法》（中华人民共和国交通运输部令2015年第19号）[EB/OL].（2018-10-22）[2022-1-2]. http://www.chinapost.com.cn/html1/report/181313/4220-1.htm.

②《中华人民共和国邮政法实施细则》[EB/OL].（2005-08-23）[2022-1-2]. http://www.gov.cn/banshi/2005-08/23/content_25545.htm.

和公用事业领域的特许经营活动，适用本办法"，"本办法所称基础设施和公用事业特许经营，是指政府采用竞争方式依法授权中华人民共和国境内外的法人或者其他组织，通过协议明确权利义务和风险分担，约定其在一定期限和范围内投资建设运营基础设施和公用事业并获得收益，提供公共产品或者公共服务"。① 实际上，该领域并不完全排斥非国有资本的进入，比较知名的一家是新奥集团，从事燃气生产和供应业。二是自然垄断行业中的竞争性环节进一步向各类市场主体开放。近年来，国家逐步对民营企业放开准入，未来也将进一步放开。《〈中共中央关于制定国民经济和社会发展第十四个五年规划和二〇三五年远景目标的建议〉辅导读本》中《激发各类市场主体活力》一文提出，要"推进能源、铁路、电信、公用事业等行业竞争性环节市场化改革"。例如电信业没有直接排除国有资本，如 2016 年新修订的《中华人民共和国电信条例》明确提出经营增值电信业务的条件，即"经营者为依法设立的公司""有与开展经营活动相适应的资金和专业人员""有为用户提供长期服务的信誉或者能力""国家规定的其他条件"。显而易见，既没有对增值电信服务的企业性质进行限定，也没有对增值电信服务企业的国有股权占比进行约束。

第三，资质管理类领域并未对市场主体所有制性质进行约束。对于非垄断行业、非公用事业的一般性行业，我国处于质量与安全的考虑，除正常行业监管外，在一些行业依然执行资质管理，要求各市场主体要进入这些行业需要取得相应的产品生产许可证。一是若干工业行业。《中华人民共和国工业产品生产许可证管理条例》第二条明确了需要生产许可证的工业产品范围，"国家对生产下列重要工业产品的企业实行生产许可证制度：（1）乳制品、肉制品、饮料、米、面、食用油、酒类等直接

---

① 《基础设施和公用事业特许经营管理办法》[EB/OL].（2016–06–02）[2022-1-21]. http://www.mwr.gov.cn/zw/zcfg/bmgz/201707/t20170714_960267.html.

关系人体健康的加工食品;(2)电热毯、压力锅、燃气热水器等可能危及人身、财产安全的产品;(3)税控收款机、防伪验钞仪、卫星电视广播地面接收设备、无线广播电视发射设备等关系金融安全和通信质量安全的产品;(4)安全网、安全帽、建筑扣件等保障劳动安全的产品;(5)电力铁塔、桥梁支座、铁路工业产品、水工金属结构、危险化学品及其包装物、容器等影响生产安全、公共安全的产品;(6)法律、行政法规要求依照本条例的规定实行生产许可证管理的其他产品"①。第三条明确了工业产品生产许可证实施目录管理,"国家实行生产许可证制度的工业产品目录(以下简称目录)由国务院工业产品生产许可证主管部门会同国务院有关部门制定,并征求消费者协会和相关产品行业协会的意见,报国务院批准后向社会公布"。且逐步缩小目录范围,"国务院工业产品生产许可证主管部门会同国务院有关部门适时对目录进行评价、调整和逐步缩减,报国务院批准后向社会公布"。近年来,我国工业产品许可证经历了多次压减,数量已大幅减少。2018年9月12日,国务院常务会议决定,再压减1/3以上工业产品生产许可证并简化审批,为市场主体减负。2019年9月,国务院印发的《关于调整工业产品生产许可证管理目录加强事中事后监管的决定》,取消了内燃机、汽车制动液等13类工业产品生产许可证管理。二是武器装备科研生产许可证。武器装备涉及国家安全,根据《武器装备科研生产许可管理条例》和《武器装备科研生产许可实施办法》,对从事武器装备科研生产许可目录所列的武器装备科研生产活动,申请取得的武器装备科研生产许可管理。

　　显而易见,除了少数法律规定国有企业专营的领域外,民营企业只要符合行业立法对企业资质和业务资质的基本要求,就有通过行政

---

① 2005年6月29日国务院第97次常务会议通过《中华人民共和国工业产品生产许可证管理条例》[EB/OL].(2005-07-25)[2021-12-01]. http://www.gov.cn/zwgk/2005-07/25/content_17077.htm.

许可自由进入行业的可能性。许多行业立法都对非公有制经济持开放态度。例如，《中华人民共和国电力法》第三条规定："国家鼓励、引导国内外的经济组织和个人依法投资开发电源，兴办电力生产企业。"[1] 再如《中华人民共和国港口法》第五条规定，"国家鼓励国内外经济组织和个人依法投资建设、经营港口，保护投资者的合法权益。"[2] 又如《中华人民共和国公路法》第四条规定："国家鼓励、引导国内外经济组织依法投资建设、经营公路。"国家鼓励和引导国内外经济组织依法进行公路建设和经营。[3] 为了有效激发市场主体活力，保障各类市场主体享受公平的市场准入条件，2016 年我国开始试点市场准入负面清单制度，当年 3 月发布《市场准入负面清单草案（试点版）》（328 项负面清单），并在 4 个省市进行试点，2017 年试点范围扩大到 15 个省市。2018 年，我国发布《市场准入负面清单（2018 年版）》（135 项负面清单），全面实施市场准入制度。2020 年和 2022 年，我国分别进一步编制《市场准入负面清单（2020 年版）》（123 项负面清单）、《市场准入负面清单（2022 年版）》（117 项负面清单），持续压缩市场准入负面清单。

二、外资企业限制不断压缩

几乎所有国家，包括美欧日等发达国家的少数行业、少数技术领域对外资企业都会有所限制。一般而言，对于涉及国家安全和国民经济命脉的领域，国家可以不对外资开放，或者不完全开放。

党的十八大以来，我国通过探索实施外资准入前国民待遇加负面

---

[1]《中华人民共和国电力法》[EB/OL].（2018-12-29）[2021-12-01]. http://www.law-lib.com/law/law_view.asp?id=638613.

[2]《中华人民共和国港口法》[EB/OL].（2005-06-27）[2021-12-01]. http://www.gov.cn/flfg/2005-06/27/content_9916.htm.

[3]《中华人民共和国公路法》[EB/OL].（2005-05-26）[2021-12-01]. http://www.gov.cn/banshi/2005-05/26/content_996.htm.

清单管理制度，进一步放宽了对外资市场准入的限制，这是我国适应经济全球化新形势和国际投资规则变化的制度创新。这一制度最早是在上海自贸区试点，随后在全国所有自贸试验区试点，并逐步推广到全国。随着外资"负面清单"不断缩减，制造业、能源、基建、农业、金融等领域的对外开放程度进一步扩大。

2020年1月1日起开始实施《中华人民共和国外商投资法》及《中华人民共和国外商投资法实施条例》，同时废止了"外资三法"中的《中华人民共和国中外合资经营企业法》《中华人民共和国外资企业法》和《中华人民共和国中外合作经营企业法》。此后，我国陆续在金融、汽车等领域推出一系列重要的对外开放举措。例如，在金融领域，从2020年1月1日起，合资寿险公司的外资比例可以达到100%；2020年12月31日，中国证监会发布《关于修改〈中华人民共和国外资保险公司管理条例实施细则〉的决定（征求意见稿）》，拟删除该管理条例实施细则第三条关于"外国保险公司与中国的公司、企业合资在中国境内设立经营人身保险业务的合资保险公司，其中外资比例不得超过公司总股本的51%"的规定。又如，在汽车领域，2020年，我国取消了商用车外资股比限制；2021年1月26日，工业和信息化部新闻发言人黄利斌表示，2022年，我国将取消乘用车外资股比和合资企业不超过2家的限制，届时汽车对外资将全面开放。

第三节　融资渠道改革进程

企业融资渠道一般分为直接融资和间接融资两种，其中，直接融资一般指通过资本市场进行股权、债权融资；间接融资一般是通过银行等金融机构进行融资。

一、直接融资不断惠及各类市场主体

（一）债券市场直接融资

企业发行债券融资具有成本低、不分散控制权、易于被投资者接受等优点，是企业融资的重要方式。不过，长期以来，在我国，发行企业债券在我国融资市场的占比一直偏低，企业债券市场发展缓慢，发行企业债券发挥的企业融资功能的潜力尚未得到充分发挥。

与大部分国家以公司债券为主的情况不同，我国还存在着大量非公司制企业，企业债券和公司债券是两个不同的范畴。[①] 在 1993 年《公司法》和 1998 年《证券法》颁布以前，我国发行企业债券遵循的是1993 年颁布的《企业债券管理条例》，该条例明确"适用于中华人民共和国境内具有法人资格的企业（以下简称企业）在境内发行的债券"。根据《公司法》，公司债券是指"公司依照法定程序发行、约定在一定期限还本付息的有价证券"。根据《证券法》规定，公开发行公司债券需要具备三个方面的基本条件，分别为"具备健全且运行良好的组织机构""最近三年平均可分配利润足以支付公司债券一年的利息""国务院规定的其他条件"。可见，无论是企业债，还是公司债，我国均没有对发行企业或公司的所有制性质进行限定。

以往企业发行债券，由国家计委（原国家发展改革委）负责审批，民营企业难以介入。从企业债券发行来看，基本依赖政府信用支持，国家发展改革委要求发债企业寻求银行提供不可撤销连带责任担保。也就是说，无论企业财务状况、经营状况如何，企业债券信用等级均为AAA 级，而同期发行的企业债券利率往往相差不超过五个基点，几乎可以忽略不计。从融资资金的使用上看，目前发行的公司债券主要用于国家重点建设项目和少数骨干企业的生产扩建和技改项目，如中央层面

① 王国刚. 论"公司债券"与"企业债券"的分立 [J]. 中国工业经济，2007（2）：5-11.

债券主要投资于电力、交通运输、石油等项目以及国家重点骨干企业的生产和技术改造；地方层面债券募集资金绝大部分投资于高速公路和铁路、城市基础设施建设、电力项目、重点煤矿和化工基地的生产和技术改造。

《公司法》《证券法》相继修订后，公司债券发行由原来的审批制度改为现在的核准制，发行公司债券的限制有所放宽。根据中国债券信息网发布的《中国债券市场概览（2021 年版）》数据显示，尽管地方政府债（占比 33%）、国债（占比 29%）、政策性银行债（占比 22%）、商业银行债券（占比 8%）依然是 2021 年发行量最大的四类债券，但企业债券发行量增速迅速增长。据统计，企业债券发行 0.44 万亿元，同比增长 11.18%，增速较上年提高 1.80 个百分点。[①]

（二）股票市场直接融资

早期我国股票市场的上市审批制度对于是否允许企业上市保留着充分的自由裁量权。在审批制度下，证券业监督管理部门对上市指标进行控制，企业必须取得上市指标才能提出上市申请。上市公司的指标完全依赖于政府的意志，民营企业几乎不可能参与上市。1997 年，国家废止上市审批制度，改为上市核准制，逐步向市场机制转变。核准制是指企业只要在原则上符合基本条件即可申请上市，有力地促进了各类所有制企业尤其是民营企业通过上市渠道直接融资。根据比重从 wind 数据库查询，在截至 2021 年的 4822 家 A 股上市公司中，民营企业有 3043 家，六成以上的我国上市公司为民营企业。

二、间接融资更加普惠

我国直接融资市场建设时间相对较短，以证券市场为代表的资本

---

① 中国债券市场概览（2021 年版）[EB/OL].（2022-04-20）[2022-05-24]. https：//www.chinab ond.com.cn/cb/cn/yjfx/zzfx/nb/20220420/160071028.shtml.

市场尚处于起步阶段，企业融资的主要方式仍然是以间接融资为主，尤其是银行贷款。银行贷款在我国企业融资渠道中的比重一直占据关键地位，虽然随着委托贷款、信托贷款、未贴现银行承兑汇票、企业债券等金融业务的蓬勃发展，企业融资渠道不断扩大，传统银行贷款在企业融资渠道中所占比重呈现下降趋势，但依然保持绝对优势。

我国高度重视民营企业贷款融资问题，自 2014 年开始实施"支小再贷款"政策，专门投入资金支持进入机构扩大对小微企业的信贷投放；2021 年 9 月，我国新增 3000 亿元支小再贷款额度；2022 年，我国将普惠小微企业贷款支持计划并入支农支小再贷款管理，支农支小再贷款增加 4000 亿元。近年来，我国民营企业直接融资保持稳步增加趋势。根据银保监会新闻发言人透露，截至 2021 年 9 月末，银行业金融机构民营企业贷款余额 53.1 万亿元，较 2018 年末增加 15 万亿元[1]，占全部企业贷款余额的约 26.5%。[2]

第四节　信息披露改革进程

从上市公司的实践经验来看，信息披露能够提高上市公司规范化水平又能稽查能敌监管成本，比依靠人海战术和层层行政化监管的体制更好，在改进监管、完善公司治理、减少公司腐败等方面发挥了十分重要的积极作用。此外，国有企业建立信息公开制度是国际惯例。国际经验表明，信息披露是实现国有企业健康发展的有效办法。根据《OECD 国有企业治理指引》，国际上国有企业的披露主体和披露范围都很广；

---

[1] 银保监会：9 月末民营企业贷款余额超 50 万亿元 [EB/OL]. （2021–11–19）[2022–05–21]. https://finance.sina.com.cn/jjxw/2021-11-19/doc-iktzscyy6596284.shtml.

[2] 根据中国人民银行公布的银行信贷收支表推算。

在信息披露内容和渠道上，一般是以上市公司为基准并兼顾国有企业特点。因此，不论是上市公司的实践还是国际经验的借鉴，均表明建立信息披露制度是提高国有企业透明度、完善国有企业监管和减少国有企业腐败的重要方法。更为重要的是，信息披露不仅约束了国有企业的行为，也会制约政府的行为，有利于政企分开，有利于国有企业独立的市场地位的确立。

我国国有企业在信息披露方面有了较大进步。目前，国务院国资委和地方国资委官方网站已主动公布了中央及地方国有企业名单、政策变化、经营绩效以及高管名单。例如，河南省国资委加强了门户网站建设、微信公众号建设、强化政府信息公开监督和教育培训，重点领域信息公开也有了较大进步。2015 年，中共中央、国务院发布的《关于深化国有企业改革的指导意见》明确提出，"完善国有资产和国有企业信息公开制度，设立统一的信息公开网络平台，依法依规、及时准确披露国有资本整体运营和监管、国有企业公司治理以及管理架构、经营情况、财务状况、关联交易、企业负责人薪酬等信息，建设阳光国企"。

一、国有企业信息披露制度体系不断建立

一是信息披露制度不断建立。我国《企业国有资产法》《企业国有资产监督管理暂行条例》和《国务院国有资产监督管理委员会国有资产监督管理信息公开实施办法》等相关法律对国有企业信息披露有比较明确的规定。例如，《企业国有资产监督管理暂行条例》规定，国有独资企业（公司）应当按要求定期向国务院国有资产监督管理委员会报告财务状况、生产经营状况和国有资产保值增值状况。再如，《企业国有资产法》明确提出，国家出资企业要"依照法律、行政法规以及企业章程的规定向出资人提供真实、完整的财务、会计信息"；在国有资产转让过程中，要求"转让方应当如实披露有关信息"。

　　二是信息披露内容持续完善。根据《国有资产监督管理信息公开实施办法》规定，国资委信息披露包括国资监管信息的 15 个方面，包括"国资委指导推进国有企业改革重组、建立现代企业制度和所出资企业董事会试点、法制建设、履行社会责任、节能减排、安全生产等有关工作情况""国资委代表国务院向所出资企业派出监事会有关情况""所出资企业生产经营总体情况""所出资企业国有资产有关统计信息""所出资企业国有资产保值增值、经营业绩考核总体情况""所出资企业负责人职务变动及公开招聘有关情况""突发性事件的处置情况""国资委公务员考试录用的条件、程序、结果""国资委工作人员廉洁自律有关规定""国资委职责范围内的其他应当依法主动向公民、法人和其他组织公开的信息"等。

　　三是信息披露的保护机制不断建立。根据《国务院国有资产监督管理委员会国有资产监督管理信息公开实施办法》的要求，"信息公开前，应当依照《中华人民共和国保守国家秘密法》等法律法规以及国资委有关保密规定，对拟公开的信息进行审查"。

二、公众监督机制持续建立

　　2015 年 8 月，中共中央、国务院发布的《关于深化国有企业改革的指导意见》明确提出，要"认真处理人民群众关于国有资产流失等问题的来信、来访和检举，及时回应社会关切"，"充分发挥媒体舆论监督作用，有效保障社会公众对企业国有资产运营的知情权和监督权"。《企业国有资产法》也提出，"国务院和地方人民政府应当依法向社会公布国有资产状况和国有资产监督管理工作情况，接受社会公众的监督"。国务院国资委发布的《国有资产监督管理信息公开实施办法》提出，"国资监管信息公开工作主动接受社会公众的监督、评议，对信息公开工作中存在的问题应当认真整改"。

第五节　各类市场主体公平参与市场竞争

除上述领域外，在参与市场竞争过程中，国有企业也不断以公平竞争的市场主体身份参与市场竞争。

在保证各类市场主体公平参与市场竞争方面，2019 年 4 月新修订的《中华人民共和国反不正当竞争法》（以下简称《反不正当竞争法》）明确要求，"各级人民政府应当采取措施，制止不正当竞争行为，为公平竞争创造良好的环境和条件"。并提出，"国家鼓励、支持和保护一切组织和个人对不正当竞争行为进行社会监督""国家机关及其工作人员不得支持、包庇不正当竞争行为""行业组织应当加强行业自律，引导、规范会员依法竞争，维护市场竞争秩序"。显而易见，无论是国有企业，还是民营企业，亦或是外资企业，均不能利用市场支配地位，开展排除或限制竞争的行为；公平竞争的市场经济秩序要求，各种所有制企业参与其中。2020 年 1 月实施的《优化营商环境条例》明确提出，"国家加快建立统一开放、竞争有序的现代市场体系，依法促进各类生产要素自由流动，保障各类市场主体公平参与市场竞争"。

在政府采购方面，2014 年修订的《政府采购法》明确要求，"政府采购应当遵循公开透明原则、公平竞争原则、公正原则和诚实信用原则"。并提出，"任何单位和个人不得采用任何方式，阻挠和限制供应商自由进入本地区和本行业的政府采购市场"。2015 年 3 月正式实施的《中华人民共和国政府采购法实施条例》，明确要求"采购人在政府采购活动中应当维护国家利益和社会公共利益，公正廉洁，诚实守信，执行政府采购政策"。2020 年 1 月正式实施的《优化营商环境条例》明确要求，"招标投标和政府采购应当公开透明、公平公正，依法平等对待各类所有制和不同地区的市场主体，不得以不合理条件或者产品产地来源等进行限制或者排斥"。

在国有企业利润方面，我国自 2007 年执行国有企业上缴利润制度以来，国有企业上缴利润占国有企业利润总额的比重从 2011 年的 3.36% 上升至 2019 年的 9.36%。[①] 随着国有企业上缴利润的提高，国有企业作为商业性组织的特征愈发明显，国有企业不断以同民营企业、外资企业相一致的方式参与市场竞争。

---

① 赵晓斐，黄宁，王伟斌. 竞争中性、国企治理与经济高质量发展 [J]. 福建金融，2020（5）：3-9.

第七章　因应国际规则国企条款的政策选择

在国际经贸规则持续深刻变革的背景之下，国有企业议题正逐渐成为国际经贸规则制定的重要场域。[①] 围绕国际规则中的国企条款，中国国有企业应积极应对国际贸易规则的新趋势，进一步增进我国和世界之间的理解和互信，同时确立中国国有企业改革的制度体系，为我国参与全球治理规则磋商提供谈判遵循，并建立话语权优势和规则制定的主动权。

第一节　总体思路

在当前大国博弈和地缘竞争加剧的背景下，主动与国际经贸规则对接，对于我国建设更高水平开放型经济具有重要的战略意义。我国拥有巨大规模的国有经济，在参与各种国际经贸谈判以及在国有企业国际化发展过程中，都将不可避免地面对相关国企条款的要求。为此，必须高度重视、内外统筹、分类应对。

一方面，对外应积极应对国际规则中有关国企条款，助推中国国有企业实现"走出去"。基于国家经济主权原则和客观现实原则，应接受国际经贸规则国企条款中的合理部分，如提高国有企业的透明度、商

---

① 胡海涛，刘玲，董婷婷. 竞争中立视野下国有企业法律治理研究 [J]. 河北科技大学学报（社会科学版），2021，21（1）：29-36.

业类国有企业在商业活动中应遵循"商业考虑"，清理、规范和调整对国有企业的各类补贴并完善相应机制等；对于不可或难以接受的少数条款，充分利用规则中的例外空间，将关键领或重要企业列入不符措施，如维护社会稳定、保障国家安全、建设重大基础设施与开发重要资源等活动，积极争取豁免空间；对于少数无法适应或难以接受的条款，而又无法列入不符措施的，如"非商业援助"的相关要求等，应坚守涉及基本经济制度这一底线和确保意识形态的红线，适度承诺。

另一方面，对内应确立未来时期我国国有企业发展政策体系，加快推进国企改革。切实落实"以管资本为主"和"发展混合所有制经济"的改革思路，更多地强调国有资本而不是国有企业，更好地发展混合所有制企业从而淡化所有制色彩，这不仅有利于化解相关国企条款针对国有企业规制带来的压力，也有助于进一步消除现实存在的所有制歧视现象。

第二节　路径选择

深入推进国有企业改革发展必须坚持党对国有企业的全面领导不动摇、坚持做强做优做大国有企业、坚持建设中国特色现代企业制度、坚持加快国有经济布局优化和结构调整、坚持强化企业创新主体地位、坚持深化国有企业改革、坚持加快建设世界一流企业、坚持发挥国有经济战略支撑作用、坚持加强国有资产监管、坚持加强国有企业党的建设（郝鹏[1]，2022）。在国企条款已经成为当前国际经贸规则重要内容的背景下，因应国际经贸规则国企条款需要在坚持上述原则的基础上，坚持

---

[1] 郝鹏：新时代国有企业改革发展和党的建设的科学指南 [EB/OL].（2022-07-01）[2022-07-01]. http://www.qstheory.cn/dukan/qs/2022-07/01/c_1128786325.htm.

三个方向的路径选择，分别为坚定实施"走出去"发展战略、坚持"两个毫不动摇"、坚持各所有制公平竞争。

一、坚定实施"走出去"发展战略

中国作为全球最大的贸易国，在国际上的影响力越来越大，但相对于发达国家来说，中国企业在国际竞争中仍然处于弱势地位。为了提高国有企业综合实力和国际竞争力，必须坚持"走出去"发展战略，主动参与国际竞争。一方面，积极响应"走出去"战略和"一带一路"发展倡议号召，紧跟世界潮流，抓住发展机会，增强我国与其他地区的双多边合作，拓展国际市场、扩大国际影响力；另一方面，促进国有企业自身制度的完善，推动国有企业向现代化、公司化、国际化方向发展，培育品牌、提升创新力，实现综合竞争力的全面提升。

二、坚持"两个毫不动摇"

国际规则下，国企改革需要认识到国有企业是我国社会主义市场经济体制下的重要物质与政治基础[①]，在国家发展中占据着重要地位，实现"做强、做优和做大"国有企业非常重要。但这并不是鼓励只发展国有经济，民营经济是我国经济制度中的重要元素，鼓励和推动民营经济发展壮大也是深化经济体制改革、促进经济健康发展的重要内容。因此，坚持"两个毫不动摇"原则的关键是不断推动公有制与非公有制经济协调发展，民营经济与国有经济不是对立的，不是零和博弈的，而是有机统一、相互促进、共同发展的。[②]

---

① 高闯，李枫. 建党百年政策推动国有企业演化发展研究 [J]. 经济与管理研究，2021，42（7）：19-34.

② 高尚全：《坚持和完善基本经济制度不动摇》，《第一财经日报》[EB/OL].（2018-10-29）[2021-12-21]. https://finance.sina.com.cn/roll/2018-10-29/doc-ifxeuwws9042942.shtml.

三、坚持各所有制公平竞争

市场经济是一种竞争经济，它要求不管是什么所有制的企业，不论是大企业还是小企业，都要在市场机制下平等地进行竞争，并得到公正的对待和保护。在市场经济条件下，国有企业与民营企业、外资企业的竞争是不可避免的。公平竞争是市场经济体制的客观需要，随着我国民营企业的迅速发展，我国国有企业和其他所有制企业之间的公平竞争已成为我国经济发展的重要议题。当前，构建各类所有制企业公平竞争的发展环境成为政策重点。除少数特殊情况之外，不同所有制企业原则上都应当在市场中公平竞争、优胜劣汰，而不是将不同所有制区分开来实行有差别的政策。① 这种原则和导向是高水平开放经济和成熟定型市场经济体制的应有之义。

第三节　重点任务

遵循因应国际规则国企条款的三大路径选择，笔者认为应当重点开展四个方面的重点任务，分别为形成应对国际规则国企条款的中国话语体系、以公平竞争理念为重点调整完善相关制度体系、坚持社会主义市场经济改革方向深化国企改革以及统筹推进国有企业相关领域配套制度改革。

一、形成应对国际规则国企条款的中国话语体系

当今世界正在经历百年未有之大变局，百年未有之大变局的重要内容之一就是国际话语权经历深刻的结构变革，而其具体体现就是维护国际秩序的各类规则。从国际经贸规则中国企条款的发展趋势来看，我

① 张文魁. 我国企业发展政策的历史逻辑与未来取向 [J]. 管理世界，2021，37（12）：15-24.

国国有企业"走出去"很难回避国有企业议题，在国际经济贸易规则持续引起深刻变革的背景之下，国有企业议题可能成为国际规则制定的重要场域。为此，在我国综合国力不断提升、我国国际地位不断跃升的背景之下，可以围绕国企条款提出自己的主张，即提出"中国版"的国企条款主张，以便在国际经济贸易规则的制定过程中发挥引领和推动作用，主动融入国际社会，重视国际贸易规则的新趋势，减少我国和世界之间的误解，进一步增进互信。

（一）对接国际经贸规则，做好制度性开放

接纳和参与国际通行规制的制定与完善是制度性开放[①]的应有之义，而竞争中性原则在经济政策体系中所具有的基础性地位，对于促进国内更好地公平竞争、接轨国际竞争均具有示范引领作用。要将进一步完善和优化各类负面清单制度作为主抓手，不断明细政府与市场的边界，全面实施准入前国民待遇加负面清单管理制度，推动全方位对外开放，建立更公平、更充满竞争力的商业环境，吸引更多高质量的外国投资。

（二）适应国际经贸规则，助力国有企业"走出去"

近年来，美国以国家安全与经济安全为由，增强对我国企业特别是国有企业投资和收购的审查。我们要积极使用国际经贸规则，秉承合规规范原则推进国有企业"走出去"。

一是要遵守市场交易准则。进一步规范自身在国内外的经营行为，以公平竞争独立的市场主体形象消除他国的指责，有序降低并逐步消除非必要限制领域的外资和民资准入门槛，为国有企业创造良好市场环境。

二是增强国际合作与提升国际竞争力（和军和谢思[②]，2020）我国

---

① 制度型开放是我国进入新时代高质量发展的内在要求，是从强调商品和要素的自由流动向聚焦规则与制度层面的更高提升，更是面对贸易保护主义和单边主义，推进全球经济治理体系变革的主动作为。

② 和军，谢思. 基于竞争中性的政府监管：国际比较与改革方向 [J]. 湖湘论坛，2020，33（3）：91–101.

国有企业数量多、规模大，在国际经贸中受影响较大。我们要变被动为主动，积极适应国际经贸规则，通过参与规制制定掌握主动权，减少制度分歧与贸易摩擦，落实"一带一路"倡议，增强国际合作与提升国际竞争力。

三是形成国内外市场融合畅通的良性循环（王丹[①]，2020）。随着"走出去"的加快，"一带一路"建设不断推进，国有企业面临越来越多的来自国际竞争规则的新挑战。在坚持国家经济主权原则的基础上，及时响应和主动调整，完善公平竞争的制度环境，形成统一、开放、竞争、有序的市场体系，促使国企主动接受国际竞争规则的约束，构建容纳我国国企的国际竞争政策体系，提升国内市场与国际市场的对接度和统一性，形成国内外市场融合畅通的良性循环。

四是深化使国有企业自觉遵守国际社会广泛认可的竞争中性规则（文宗瑜和孙晓悦[②]，2020）。国有企业作为市场竞争主体，无论是在国内与民营企业、外资企业进行竞争，还是更加充分地参与国际市场的竞争，都面临着其如何自觉遵守竞争中性规则的要求的问题。要通过改革深化使国有企业自觉遵守国际社会广泛认可的国际经贸规则，持续提升中国企业的国际影响力。

二、以公平竞争理念为重点调整完善相关制度体系

中国应坚定主张"公平竞争理念"，而不应使竞争中性原则沦为国际博弈手段。竞争中性原则坚持实现公平价值，但所谓公平，有形式公平与实质公平之分，实质公平决定竞争中性原则不可能无条件、无差别，美国所主张的竞争中性原则同样适用于发达国家与发展中国家，这

---

① 王丹. 以竞争中性制度促进形成强大国内市场 [J]. 宏观经济管理，2020（06）：39-44.
② 文宗瑜，孙晓悦. 竞争中性规则视角下的国企改革及相关改革深化 [J]. 财政监督，2020（13）：30-35.

无疑是一种具有很强政治色彩的贸易保护主义。因此，在推行竞争中性原则的过程中，应追求实质公平，主张"共同但有区别"的发展原则，并通过对各国经济发展阶段、法律体系、政治体制等因素的综合考量，使各国能够依据本国国情和发展程度，制订出符合本国国情的"实质公平"的竞争策略。

（一）修订法律法规中不符合公平竞争理念的规定

我国现有主要法律法规、部门规章在一定程度上体现了竞争中性原则的相关要求，且对公平竞争理念进行积极倡导。1993年，《反不正当竞争法》第二条规定，"经营者应当按照自愿、平等、公平的原则参与市场竞争"。这是我国国有企业和民营企业在参与市场经济过程中必须遵循的基本准则。2008年，我国《反垄断法》第七条[①]规定，国有经济控制国民经济的命脉及国家安全的重要行业，并赋予其部分专营专卖的权限，但是以上行业的经营者不得滥用其经营领域内的市场支配地位和专营权利损害消费者的利益。这表明，我国政府在保障国有经济发展的同时，也对其进行了一定的约束，使其不得以自身所拥有的特殊条件来干扰市场的公平性。《反垄断法》第八条对行政性垄断行为作出了规定，"要求行政机构不得滥用行政权力限制或者排除竞争"。这一条可以视为要求政府机构在市场竞争中保持中立的监管地位，不得使用行政权力不合理干预市场竞争，这是我国现行法律中最接近竞争中性原则的法律条款。但是，这些条款又容易被解读为有关的国有企业只受到国家的管制和调节，不需要遵守一般的市场竞争法规，所以国企可以享有垄断豁免特权。类似与非歧视和商业考虑原则不相一致的内容都需要调整完善。

另外，现有法律法规、部门规章中也有很多规定与竞争中性原则

---

① 《反垄断法》第七条规定："国有经济占控制地位的关系国民经济命脉和国家安全的行业以及依法实行专营专卖的行业，国家对其经营者的合法经营活动予以保护，并对经营者的经营行为及其商品和服务的价格依法实施监管和调控，维护消费者利益，促进技术进步。"

相背离，实质性干预了企业展开公平竞争。因此，针对我国现行法律法规、部门规章中不符合竞争中性原则的规定，需要进行适时修订，为竞争中性原则制度建立健全扫除障碍。重点是消除对受约束国有企业的非商业考虑和非商业援助，营造公平竞争的法律环境。

一是将公平竞争理念引入《宪法》。《宪法》是我国的根本大法，在宪法层面上明确公平竞争理念，可以有效地降低国家对国有企业的不当干涉，确保立法机关和政府部门的财政活动在竞争中性的轨道上进行。

二是在《反垄断法》中增加对国有企业和政府限制竞争行为的责任追究条款。要进一步拓展行政执法部门的职权范围，把行政管理权限下放到特定的反垄断行政管理部门，根据政府限制竞争行为所造成的后果不同，分别对主要责任人追究相应的法律责任。对构成一般损害的限制竞争行为，可以依法对该部门追究责任，并给予相应的行政处罚；对损害消费者权益构成犯罪的，依法追究刑事责任；对于因政府限制竞争行为而损害民营企业或个人权力的情况，提供更加畅通的赔偿途径。

（二）健全符合我国国企改革的公平竞争审查制度

一是明确公平竞争审查制度的适用范围。根据国有企业分类，商业一类国有企业需要遵守市场中的商业规则，不享有特殊竞争优势。

二是明确公平竞争审查的主体。建立统一的执法标准与规范，打造更加独立、权威的反垄断执法机构，建议由国务院反垄断委员会作为竞争中性原则的审查评估机关。此外，当前我国反垄断执法权一分为四，国家市场监督管理总局负责价格垄断协议、滥用市场支配地位执法，国家发展改革委负责价格垄断执法、商务部负责经营者集中执法，反垄断委员会负责制定政策、指南等法律文件。针对这一情况，建议建立工作联席制度以弥补交流协调不畅问题，协调行业监管有序发展。

三是明确公平竞争审查的对象。对行政机关和法律法规授权的具有公共事务管理职能的组织制定的有关妨碍公平竞争的规章和规范性政策进行审查，审查其市场准入和退出标准、商品和要素自由流动标准、影响生产经营成本标准、影响生产经营行为标准，以及在例外情况下可以排除或限制竞争效果。

四是建立公平竞争审查投诉机制。针对国有企业不合理的特殊竞争优势，相关企业可以向立法机构或执法机构进行投诉，事实证据确凿的，可以要求相关部门予以惩罚或作出矫正。

（三）加强竞争倡导推动公平竞争制度贯彻落实

作为竞争政策的软约束，竞争倡导与竞争法律的硬性约束共同构成竞争政策的制度框架，通过营造良好的竞争环境，为市场主体公平竞争提供有效的市场基础环境。[①] 同时，加强市场主体竞争意识的教育，预防出现各种限制竞争行为。一是通过竞争主管部门、智囊团、新闻媒体等多种渠道加强对竞争中性制度的宣传研究，为培育健康有序的竞争环境扫清障碍，遏制市场主体以所有制形式获得不当竞争优势。二是通过举办地方反垄断执法机构及相关部门人员的培训与经验交流，使之成为制定地方经济发展政策时必须考虑的因素，防止行政垄断。三是举办公平竞争宣传周活动，或制作竞争教育手册，使民众了解竞争政策实施与自身利益息息相关，提升民众维护公平竞争意识，扫除竞争政策执行的外部环境及观念障碍。

三、坚持社会主义市场经济改革方向深化国企改革

（一）着力推进国有企业分类改革

按照 2015 年《中共中央 国务院关于深化国有企业改革的指导意见》，根据国有资本的战略地位和发展目标，结合不同国有企业在经济

---

① 王丹. 发达经济体确立竞争政策基础性地位的做法及启示 [J]. 宏观经济管理，2018（12）：75–80.

发展中的作用、现状和发展需要，国有企业可分为商业类国有企业和公益类国有企业。其中，商业类国有企业又包括"主业处于充分竞争行业和领域的商业一类国有企业"，以及"主业处于关系国家安全、国民经济命脉的重要行业和关键领域、主要承担重大专项任务，以及处于自然垄断行业的商业二类国有企业"。① 应进一步将公益类和商业类的划分深入每个法人单位，深入推进国有企业分类改革。②

一是进一步明确公益类国有企业的非营利性、履行社会责任的功能，重视成本控制，弱化利润考核，强化公益目的。将公益类国有企业纳入相关国企条款例外适用的范围，适当情形下国家可以对其予以相应的补贴等扶持措施。

二是对商业二类企业所承担的特定功能与商业功能要严格分离，对其业务边界、财务边界等清晰。这类国有企业采取行为例外模式，即非商业性、非营利性行为不适用于相关国企条款。

三是重点关注商业一类国有企业，强化商业一类企业的利润导向、保值增值功能，在公开文件上要弱化对商业一类企业的政策性要求。商业一类国有企业符合当前国际经贸规则中认定国有企业的前提，即"主要从事商业活动"，应消除其获得的不正当竞争优势。因此，对标高标准国际规则中的国企条款要求，应将更多精力放在关注商业类国有企业。此外，商业一类企业在承担临时性的非商业任务、公共职能时，也要有清晰的业务和财务边界。

（二）深入推进政府补贴机制改革

消除对国有企业的非商业援助是有关国企条款纪律约束的核心之一。即使不加入国际经贸协定，这也是中国保证国内市场公平竞争、规

---

① 《中共中央 国务院关于深化国有企业改革的指导意见》[EB/OL].（2015-09-13）[2022-03-01]. http://www.gov.cn/zhengce/2015-09/13/content_2930440.htm.

② 余烨.TPP 国有企业的定义对中国国企分类改革的启示 [J]. 长安大学学报（社会科学版），2017，19（4）：86-94.

范财政秩序和国企可持续发展的需要。必须主动推进政府补贴机制改革，清理和规范对国有企业的各种补贴。

一是全面梳理中央和各级地方政府给予企业的各种补贴，全面掌握相关信息，夯实改革基础。

二是不同类型活动分账户管理。参考欧盟做法，在对公共行为和商业行为等进行区分的基础上，区分公共项目责任和商业行为责任，并设立不同账户。对给予商业类国有企业的补贴或资助进行筛查，界定为商业补贴和非商业补贴，对肯定或可能在有关国企条款禁止之列的非商业补贴，或清理，或排除，或调整补贴方式。

三是充分评估对国有企业的各类资本金注入是否符合私人投资者的做法。对不符合的，如项目注资等，要取消或调整。

四是公共政策对所有企业的商业补贴，如研发补贴、新能源补贴等，要消除和避免倾向于国有企业的做法。

五是对提供公共产品或服务的国有企业，采取合理方式进行公开透明的补偿。对于国有企业提供公共服务的情况，要明确是否需要补偿的判定标准、补偿标准、补偿程序等内容。

（三）扎实推进市场准入管理机制

市场准入管理方式直接关系到市场主体进入市场的可能性与便利程度，是影响市场主体公平竞争的重要因素。[1] 在市场准入管理方面，要平等对待各类市场主体，确保外资、民营、国有企业在市场准入方面享有同等的准入条件和便利。

一是继续实行负面清单制度和动态调整机制，对外商投资实行准入前国民待遇家负面清单的管理制度。

二是进一步细化负面清单领域，强化负面清单机制落地实施。

三是创新市场准入管理制度，探索以准入后监管取代准入前许可、

---

[1] 刘戒骄. 竞争中性的理论脉络与实践逻辑 [J]. 中国工业经济，2019（6）：5-21.

简化准入前认证、强化准入后监管、加强规范管理等改革，避免市场准入认证和监管增加企业成本，削弱市场竞争和创新激励。

四是放宽市场准入前置条件限制，最大限度地保持市场准入后管理过程中的中立，确保所有市场主体都能获得认证许可而不受歧视。

五是加大违法违规惩罚力度，探索抽查制度；政府按照无事不扰守法者的原则进行检查。

（四）深入调整对国企的行政行为

无论是让国有企业承担政策性任务，还是对国有企业的救助等行政行为，都要进行改革调整，以满足国企规则对非歧视和非商业援助的要求。

一是政府让企业承担政策性、公益性任务时，应建立"透明、合理、可问责"的成本补偿机制，改变过去土地划拨、税收减免、项目支持等隐性补偿的方式。成本补偿要公开、透明，可问责。长远来看，要逐步形成"政府采购、公开招标"的方式。

二是对国有企业的债转股或债务豁免，必须完全按市场化的方式运作，对所有企业一视同仁，且不能不成比例地向国有企业倾斜。

三是政府对国有企业的救助均应遵循与私人投资者相一致的做法，很多不符的方式都将不被允许，需要取消，如不能用行政手段要求某个国有企业为其他受约束的国有企业提供贷款、融资担保、注资等。

四是地方政府的一些行为也需要调整，如为吸引央企在当地落户，通过无偿划拨或重组地方国企等做法将不被允许；地方国企或资产出售，须公开招标。

（五）进一步提高国有企业透明度

提高透明度是加强监管的基础，问责是提高监督效率的保障。对国有企业而言，需要进一步利用信息公开提高透明度。透明度既是对其最好的监督，也是对其最好的保护。

一是充分利用资本市场提高国有企业透明度，具备条件的、能上市的就上市。对上市的国有企业，使用上市公司信息披露要求，不再搞双重标准。

二是在新的国有资本管理框架下，修订《企业国有资产法》，设立专门章节规范国资本监管机构、国有资本投资公司和运营公司、社保基金及国有资本控股企业的信息公开行为，以法律形式明确国资监管机构对国有资本控股企业等的信息披露义务。

三是对非上市的国有资本控股企业应建立具体的信息披露要求或制度。国有资本投资运营公司、社保基金及其他国有资本控股企业按照上市公司信息披露要求，除商业秘密和国家秘密外，应当定期发布报告，披露财务概要和经营业绩、薪酬政策、关联交易、治理结构及履行社会责任等基本情况。再通过临时报告及时披露重大变化，如重组、并购、人事和财务等事项。

四是保持政府采购和招标中性，体现竞争性和非歧视性，对政府采购程序进行披露。[①]

五是完善内外相结合的信息披露监管机制，加强社会监督。财务、审计、税务、国资、监事、组织、纪检等各方面对国有企业的监管要实现信息协同、共享和整合，并向社会公布。将金融、税务、商务、领导人等与信息披露的内容联通或挂钩，以建立社会化和市场化的约束机制，充分发挥信息披露的惩戒作用。

（六）推进国有资产管理体制改革

推动政企分开、建立现代企业制度长期以来是我国国有企业改革的重要内容（和军和谢思[②]，2020），但是当前，金融、能源、通信、交

---

① 巴曙松. 竞争中性原则的形成及其在中国的实施 [J]. 当代金融研究，2019（4）：1–4.

② 和军，谢思. 基于竞争中性的政府监管：国际比较与改革方向 [J]. 湖湘论坛，2020，33（3）：91–101.

通等行业的国有企业依然存在市场监督管理部门对国有企业进行监督管理的现象，它们的实际控制人可能是财政部、教育部，也可能是农业部、交通部等政府公共管理部门，也可能是新华社、人民日报、中央广播电视总台等事业单位，也可能是地方政府财政、交通、开发区等政府部门（夏凡[①]，2019）。为此，要深入推进国有资产管理体制改革。

一是持续推进国家公共管理职能和国家所有权分离。推进国有企业公司化模式，确保国家公共管理部门不能因为是国有企业的所有者而对所监督管理的国有企业"偏爱"，切实规避部分国有企业所有者身份同对于国有企业公共管理职能身份的矛盾或冲突。

二是推进由管资产向管资本转变。为了最大程度降低政府对于国有企业实际运营的影响，国有资产管理机构要通过公司治理机制的设计，以股东身份形式，明确职权，从而释放企业活力，管资本为主更能实现竞争中性要求。

三是统一国有资产监管。明确政府公共管理部门不再作为国有企业的出资人，尽量将国有企业尤其是商业类国有企业交由统一的国有资产监督管理机构进行监管。

四是明确国有资产监督管理机构对人大负责以及向人大定期汇报机制。明确全国人民代表大会为全国人民的代理人，将国有企业委托给国有资产监督管理机构负责日常监督管理，国有资产监督管理机构定期向人大进行定期汇报。

五是着力破除政府的隐形担保。要求金融机构严格按照竞争中性原则处理同国有企业、民营企业之间的关系，坚决破除政府隐形担保问题，扭转金融体系对于非国有企业的融资歧视。

---

① 夏凡. 我国国有资产管理体制改革对策——基于"竞争中性"原则 [J]. 商业经济研究，2019（7）：187–189.

（七）推进国有企业混合所有制改革

相较于国家 100% 控制权的国有企业，混合所有制企业能够在一定程度上弱化政府和企业之间的厉害关系（和军和张依[①]，2020），要推进公平竞争理念贯穿由混合所有制改革方案制定、混合所有制企业对象选择、混合所有制企业混合方式、国有资产定价等全过程（程俊杰、黄速建[②]，2019）。

一是持续推进股权多元化。国有企业要积极通过引入战略投资者、收购兼并、员工持股等方式推进股权多元化，在分类的基础上，按照追求合理的回报率、按照市场化原则开展绩效评估。

二是平等对待不同股权主体。不同性质的公司的所有制是平等的，在混合所有制改革过程中要平等对待不同股权持有者，这本身是国有企业改革的重要方向。

三是做好商业性和非商业性活动的区分。混合所有制企业要求对自身的商业活动和非商业活动进行严格的区分，并且针对所从事的非商业活动获取合理的回报。

四是混合所有制企业按照市场化逻辑从事社会责任。混合所有制企业运营过程中不会不计成本开展企业社会责任管理和实践工作，更愿意从战略性企业社会责任的视角来开展社会责任实践。

（八）推进国有企业三项制度改革

要持续开展三项制度改革，推进国有企业走向市场化运营之路。

一是减少政府对国有企业包括三项制度改革在内的干预。三项制度改革的目标是提升在劳动、人事和分配方面的市场化程度，减少行政对于国有企业在三项制度改革过程中的干预，避免国家为国有企业劳

[①] 和军，张依. 基于"竞争中性"原则的国有企业分类改革 [J]. 社会科学文摘，2020（10）：41-43.

[②] 程俊杰，黄速建. 基于竞争中性的混合所有制改革：逻辑框架与推进路径 [J]. 江海学刊，2019（5）：78-85，254.

动、人事和分配方面配置资源所带来的市场扭曲，从而为国有企业带来相较于非国有企业的优势或劣势。

二是坚持市场化思路推进三项制度改革。三项制度改革的最终去向也是市场化，通过劳动、人事和分配的市场化调节提高国有企业竞争力和活力。

三是建立公开透明的三项制度运行机制。对于三项制度改革而言，公开透明的运行机制至关重要，从而在劳动、人事和分配方面接受社会监督，符合市场化标准。

四是深入推进三项制度改革。在劳动制度方面，要持续规范政府对于国有企业减员方面的财政补贴，要求国有企业按照市场经济一般原则开展减员工作。在人事制度方面，要持续推进国有企业负责人去行政化、高层管理人员雇佣市场化。在分配制度方面，要不断制定科学的考核体系、薪酬分配计划、工资决定和增长机制，通过薪酬管理激发员工积极性，形成同市场相协调的工资收入分配格局。

（九）推进国有企业管理机制改革

要遵守非歧视和商业考虑（吴振宇[①]，2020），做好国有企业管理运行。

一是完善法人治理结构。通过公司章程正式建立公司治理内部制度，处理好国有企业股东会和党委会之间的关系，避免因职权不明导致的股东会和党委会之间关系处理不当对于市场化运行造成的影响。

二是在经营机制上市场化运作。消除国有企业本身所具有的级别和政治地位而带来的优势，使其真正成为社会主义市场经济条件下的运行主体，实现国有企业和非国有企业"政治地位"的平等。

三是政府以投资额为限承担有限责任，行使相应投票权。深化国有企业改革要求正确处理同国有企业的关系，政府需要按照市场经济规

---

① 吴振宇. 竞争中性原则对深化国企改革的启示 [J]. 山东国资，2020（3）：21-24.

则，以投资额为限承担有限责任。

四、统筹推进国有企业相关领域配套制度改革

（一）推进产业政策向竞争政策转型

我国国内的经济政策取向也发生了转变，由以往的以产业政策为主导逐步向以竞争政策为主导转变，这为国企改革适应竞争中性原则奠定了基础。纵向产业政策是保护、促进和强化重点产业的政策，或对长期产能过剩或衰退行业的干预政策；横向产业政策是政府为实现特定的经济社会目标而实施的具有指导意义的、有约束力的政策，包括科技创新、健康安全、生产环境、保护消费者等。不难发现，横向产业政策对所有企业都是平等的，允许企业自主决定如何达标、合规化、通过竞争来配置资源；纵向产业政策侧重于特定行业和领域，对传统衰退产业的支持、对战略性新兴产业的成长起到了积极的促进作用。但也有一些企业利用纵向产业政策获得了垄断地位，阻碍了新企业、中小企业的成长，降低了资源配置的效率。竞争政策偏好实施横向产业政策，以支持市场开放，促进市场竞争。减少产业政策对竞争中性的限制与偏离，扩大横向产业政策的作用范围，将纵向产业政策限制在少数行业和行业的关键环节，大幅度降低产业政策的比重。横向政策还应注意减少阻碍市场作用的发挥，杜绝专设于特定企业的任意性手段。

（二）采取渐进式的增量型改革方式

坚持渐进式的改革路径主要是借鉴美国、日本及印度等国家实施竞争中性原则的经验及国企改革的复杂性。一方面，这些新兴经济体在贯彻竞争中性原则时纷纷采取的是渐进式的改革路径；另一方面，我国国企改革是一项艰巨而又复杂的任务，为减少改革的阻力以及对经济的影响，采取渐进式的增量型改革是最佳的出路。对国企改革而言，对标国际规则改革并不是一项突破性的思想大解放。改革开放 40 余年以来

的国有企业改革举措，如拨改贷、股份制改革、分类改革等，均致力于使国有企业成为独立的市场主体。因而，对国企改革而言，对标国际规则改革主要体现在两个方面：检验调适与倒逼。检验调适主要表现为要求国企改革的精细化；倒逼主要表现在推动国企改革的内生动力，对国企形成新一轮的改革压力，倒逼国企改革不断深化。因此，无论是从借鉴新兴经济体的改革经验还是就我国国企改革的现实而言，采取渐进式的改革路径都是最佳的出路。

（三）按先试点后全国逐步推进改革

根据竞争中性原则构建的制度体系对我国政府监管国有企业行为提出了更高的要求，需要考虑全国各地区复杂的现实情况。当前，我国还不具备全面实施竞争中性政策的条件，因此，可以按照"试点先行、以点带面"的路径逐步推进。

一是试点先行。在试点选择方面，2013—2020年，我国先后成立了21个自由贸易试验区，这些自贸区是过去的政策洼地和未来的制度高地。自贸区可以在竞争政策落地方面先行先试，寻求更多的突破，成熟后向其他地方复制推广。自贸试验区作为我国对外开放的新高地，在推进政府职能转变、行政体制改革等方面走在了全国前列，实行竞争中性制度时遇到的阻力较小，是实施竞争中性制度的理想平台。

二是通过自贸试验区的实践，在条件成熟的情况下，将其可复制、可推广的经验应用于国内区域经济改革。

三是在国内竞争制度趋于完善的情况下，可以适当地通过双边、多边和区域自由贸易协定的形式来推广和转化。在逐步推进方面，首先是处理好国有企业与民营企业间的公平竞争问题，其次是解决内资企业与外资企业的差异待遇。

第八章　研究结论与政策建议

本章将对以上的研究结论进行归纳总结，并在此基础上提出相关的政策建议。

第一节　研究结论

本书立足于建设统一开放、竞争有序、制度完备、治理完善的高标准市场体系背景下，对管理学和传统经济学理论中有关国际规则中的国企条款进行理论溯源，总结国际规则中国企条款的演进脉络，挖掘主要国际规则中国企条款的规范性要求和背后逻辑，基于中国国有企业改革制度变迁的现实情况，展开中国国有企业在政府补贴、市场准入、融资渠道、信息披露等方面与国企条款相容情况的客观评估，尝试提出符合"十四五"时期乃至更长一段时间中国国有企业应对国际规则中国企条款的政策选择。

第一，从历史纵深视角出发，国际规则中国企条款呈现出阶段化演进态势，规则范围、标准化程度和约束力不断发展和演变。

一是国际规则中国企条款的演进历程可划分为 GATT 时代、WTO 时代以及后 WTO 时代三个发展阶段。当前，国际规则中国企条款集中表现为竞争中性原则，呈现出从一国国内市场扩大到欧盟成员国，再扩展到国际经贸体系的发展趋势。二是国际规则中国企条款逐渐演变为美欧主导的区域贸易协定中的通用规则，限制重点进一步聚焦国企问题且趋向严格，短期内纳入多边贸易体制可能性较小但长期看难以规避，应尽快推出"中国版"竞争中性原则。三是按照竞争中性的原则，我国国有企业当前从政府部门或其他主体方面获得的、因全民所有权的性质而享有的部分优势将失去，这对于已经享受到相关优势的国有企业是一项挑战。但是，由于推进国有企业成为独立的市场经济主体是我国国有企业改革的重要方向之一，所以竞争中性原则所包含的公平竞争理念对于我国全面深化国有企业改革也具有积极的意义。四是我国对相关国企条款的态度呈现出从谨慎到探索性引入、从引入到选择性吸收、从吸收到制度性反思的变化过程。

第二，从横向挖掘视角出发，对比双多边自贸协定、国际组织研究以及具体国家实践中的国企条款，发现对国企纪律已经形成了体系化、结构化、步骤化的逻辑要求。

一是国际规则中国企条款的演进逻辑经由美国的推广，对国有企业已经形成了体系化、结构化、步骤化的逻辑要求，即以竞争中性原则为指导思想和制度依据，以反补贴、反倾销措施为具体措施，以CPTPP、USMCA、FTA等作为推广平台，将国有企业条款纳入国际贸易和投资的规则，从而建立起更高标准的国际经贸规则，维护美欧在经济全球化中的主导地位。二是主要国际经贸规则中国企条款的规范性要求初步达成一般共识，一般涉及公司化和简化经营形式、核算特定职能的直接成本、要求合理的商业回报率以及税收中性、监管中性、债务中性、信贷中性、政府采购中性与补贴约束等。三是关于国企条款的共识主要体现在原则宗旨和内容方面，认为竞争中性原则的目的就是避免这种不公平的竞争优势的出现，确保国有企业和私营主体的公平竞争，且都规定了竞争中性规则的适用主体、适用标准以及监督和执行机制。分歧主要与本国国情存在很大关系，对国有企业界定存在争议。有研究认为，竞争中性概念具有主观性和欺蒙性。四是结合我国国有企业的现状及改革进程，相关内容按是否可接受划分，大致有三个部分：第一，可接受，且已完成相关改革；第二，可接受，但需要进一步改革完善；第三，不可接受，需要通过例外排除。

第三，在实践中，中国国有企业改革经历了 40 余年的发展历程，虽然取得了巨大成就，但效率仍然不够高，各种所有制企业公平竞争逐步成为未来政策重点。

一是纵观中国国有企业改革 40 余年的发展历程，大致经历了放权让利、两权分离、制度创新、重组调整、全面深化改革五个制度变迁阶段。二是与西方国家相比，我国国有企业的发展起点和演进历程截然不同。整体上看，国有企业的数量和经营效率低于民营企业，但是资产和净资产规模却远高于民营企业。从行业分布来看，国有企业仍主要分布在石油石化、电力、煤炭开采、装备制造等关键性行业。国有企业公平竞争问题逐步成为政策重点。三是中国国有企业改革的重要趋势是坚持社会主义市场化改革方向，做到"两个坚持""两个毫不动摇"和"增强五个力"，坚持各种所有制企业公平竞争。

第四，中国国有企业应积极应对国际规则中国企条款的新趋势，同时确立中国国有企业改革的制度体系，掌握规则制定的主动权。

在当前大国博弈和地缘竞争加剧的背景下，中国国有企业改革政策选择的总体思路是，对外应积极应对国际规则中有关国企条款，助推中国国有企业实现"走出去"；对内应确立未来时期我国国有企业发展政策体系，加快推进国企改革。把握坚定实施"走出去"发展战略，坚持"两个毫不动摇"，坚持各所有制公平竞争理念三大路径。围绕形成应对国际规则中国企条款的中国话语体系、以公平竞争理念为核心调整完善相关制度体系、坚定地沿着市场化方向深入推进国有企业改革、统筹推进国有企业相关领域配套制度改革进程四项重点任务确定具体改革路径。

第二节 政策建议

根据研究结论，研究提出以下三个方面的政策建议。

一是加强对国际规则中国企条款的研究，高度重视、综合研判，助推国有企业"走出去"。从国际经贸规则中国企条款的发展趋势来看，我国国有企业"走出去"很难回避国有企业议题。在国际经济贸易规则持续引起深刻变革的背景之下，国有企业议题可能成为国际规则制定的重要场域。为此，应抓早、抓紧、抓实，更加深入研究国际规则中的国有企业条款。这既是形成中国国有企业"走出去"应对策略的前提基础，也是推动我国从规则接受向规则制定者转变的关键一步，将有利于我国积极争取在新一轮国际经济贸易规则的制定过程中更好发挥推动和引领作用。

二是主动参与国际规则制定，适度承诺、守住底线，围绕国企条款提出中国主张。国企条款大部分均属于中国在加入 WTO 时已经接受的规则或中国可接受的内容，或者属于符合中国改革方向、整体和长远利益的，可通过深化改革予以满足。对不可或难以接受的少数条款，充分利用规则中的例外空间，将关键领域或重要企业列入不符措施，如维护社会稳定、保障国家安全、建设重大基础设施与开发重要自然资源，促进中小企业发展和乡村振兴等活动，都可作为例外情况予以排除。对短期内难以改革到位、同时又不能排除的措施，如对国有企业历史遗留问题的资助等，可以争取改革过渡期，承诺在改革过渡期结束后彻底落实到位，为改革赢得时间。

　　三是继续深化国有企业改革，坚定方向、突出重点，营造公平竞争的市场环境。应对国际规则中国企条款的关键在于能否坚定的深入推进国有企业改革，应主要围绕"以管资本为主""发展混合所有制经济"等既定方向推进国有企业改革，大幅减少符合国企条款中国有企业定义、必须接受其约束的企业数量，辅之以规范补贴机制、市场准入机制、促进公平竞争、提高透明度等改革措施，培育具有全球竞争力的世界一流企业。

参考文献

[1]罗伯特·吉尔平. 国际关系政治经济学［M］. 杨宇光等，译. 北京：
经济科学出版社，1989.

[2]巴曙松. 竞争中性原则的形成及其在中国的实施［J］. 当代金融研究，
2019（4）：1-4.

[3]曹建海，王帆. 贸易战、市场开放与中国国有企业改革［J］. 经济纵
横，2019（6）：46-54.

[4]车路遥. 市场经济的法律尺度：结构分析与评判［J］. 法学评论，
2021，39（5）：70-86.

[5]陈汉，彭岳. TPP 关于国有企业的规则研究［J］. 北京化工大学学报
（社会科学版），2018（1）：58-64.

[6]陈鹏. "竞争中立"的社会本位考量［J］. 经济法学评论，2019，19
（2）：113-126.

[7]陈思宇，张峰，殷西乐. 混合所有制改革促进了公平竞争吗——来
自国有企业硬化预算约束的证据［J］. 山西财经大学学报，2021，43
（11）：16-28.

[8]陈晓星. 市场经济下我国国有企业概念的重新界定［J］. 统计与决策，
2006（7）：150-151.

[9]陈瑶，应力. 非商业援助条款对国企补贴规制与中国因应策略［J］. 经
济纵横，2022（3）：79-86.

［10］陈志恒，马学礼. 美国"反国家资本主义"思潮：缘起、政策实践及战略意图［J］. 国外社会科学，2015（5）：77-85.

［11］东艳，张琳. 美国区域贸易投资协定框架下的竞争中立原则分析［J］. 当代亚太，2014（6）：117-131.

［12］丁茂中. 竞争中立政策走向国际化的美国负面元素［J］. 政法论丛，2015（4）：22-30.

［13］丁茂中. 我国竞争中立政策的引入及实施［J］. 法学，2015（9）：107-117.

［14］东艳，张琳. 美国区域贸易投资协定框架下的竞争中立原则分析［J］. 当代亚太，2014（6）：117-131.

［15］冯辉. 竞争中立：国企改革、贸易投资新规则与国家间制度竞争［J］. 环球法律评论，2016，38（2）：152-163.

［16］冯辉. 贸易与投资新规则视野下的竞争中立问题研究［M］. 上海：格致出版社，2018.

［17］高闯，李枫. 建党百年政策推动国有企业演化发展研究［J］. 经济与管理研究，2021，42（7）：19-34.

［18］高明华，王延明. 政府规制与国有垄断企业公司治理［J］. 上海：东方出版中心，2016.

［19］顾敏康，孟琪. TPP 国企条款对我国国企的影响及对策［J］. 中国政法大学学报，2014（6）：145-156.

［20］国务院国资委改革办. 国企改革若干问题研究［M］. 北京：中国经济出版社，2017.

［21］郝鹏. 深入实施国企改革三年行动 推动国资国企高质量发展［J］. 企业观察家，2021（8）：74-79.

［22］何干强. 关乎坚持维护宪法尊严的一个重大经济理论问题——"竞争中性"辨析［J］. 高校马克思主义理论研究，2020，6（1）：39-47.

[23]何廷润. 占用费难以反映频率真实价值 收取资源税方式或可行 [J]. 通信世界, 2011（19）: 10.

[24]胡改蓉. 竞争中立对我国国有企业的影响及法制应对 [J]. 法律科学（西北政法大学学报）, 2014, 32（6）: 165-172.

[25]胡海涛, 刘玲, 董婷婷. 竞争中立视野下国有企业法律治理研究 [J]. 河北科技大学学报（社会科学版）, 2021, 21（1）: 29-36.

[26]胡家勇. 确立竞争政策的基础性地位 [J]. 学习与探索, 2020（11）: 95-101.

[27]黄志瑾. 国际造法过程中的竞争中立规则 —— 兼论中国的对策 [J]. 国际商务研究, 2013, 34（3）: 54-63.

[28]黄志瑾. 中国国有投资者参与国际投资的规则研究 [M]. 上海: 人民出版社, 2014.

[29]姜舰, 郑伟, 王翔. 美国竞争中立政策的战略目的及对中国的影响 [J]. 上海经济研究, 2016（4）: 62-68.

[30]经济合作与发展组织. 国家发展进程中的国企角色 [M]. 北京: 中信出版集团, 2016.

[31]冷兆松. 发展混合所有制经济的决策演进 [J]. 当代中国史研究, 2015, 22（6）: 36-45.

[32]李翃楠. 公平竞争视角下国有企业改革法律问题研究 [D]. 湖南大学博士论文, 2016.

[33]李翃楠. 国企改革: 公平竞争视角下国有企业改革法律问题研究 [M]. 上海: 复旦大学出版社, 2017.

[34]李胜利, 张亚飞. 论财政补贴公平竞争审查 [J]. 中国物价, 2021（9）: 55-59.

[35]李文成. 竞争中性政策的综合考量和实践路径 [J]. 中国市场监管研究, 2019（7）: 52-57.

[36]李振宁. 新加坡自由贸易协定简述: 贸易规则与产业导向 [J]. 东南亚纵横, 2015 (6): 14-19.

[37]林毅夫, 蔡昉, 李周. 充分信息与国有企业改革 [M]. 上海: 格致出版社、上海三联出版社、上海人民出版社, 2014.

[38]刘戒骄. 竞争中性的理论脉络与实践逻辑 [J]. 中国工业经济, 2019 (6): 5-21.

[39]刘明. 对 2017 年以来美欧日三方贸易部长联合声明的分析 [J]. 国家治理, 2019 (21): 13-25.

[40]刘向东. 中欧双边投资协定谈判中涉及中资企业公平竞争问题及应对建议 [J]. 全球化, 2018 (2): 67-74.

[41]马骏, 张文魁, 张永伟, 等. 国企改革路线图探析 [M]. 北京: 中国发展出版社, 2016.

[42]马其家, 樊富强. TPP 对中国国有企业监管制度的挑战及中国法律调整——以国际竞争中立立法借鉴为视角 [J]. 国际贸易问题, 2016 (5): 59-70.

[43]马相东, 杨丽花. 统筹对外资开放和国家经济安全: 国际经验与中国路径 [J]. 中国流通经济, 2021, 35 (9): 62-73.

[44]门洪华. 和平的维度: 联合国集体安全机制研究 [M]. 上海: 上海人民出版社, 2002.

[45]倪萍, 朱明鹏. 竞争中立对我国国有企业的影响及法制应对 [J]. 天水行政学院学报, 2015, 16 (1): 103-106.

[46]潘亚玲. 国际规范的生命周期与安全化理论——以艾滋病被安全化为国际威胁为例 [J]. 欧洲研究, 2007 (4): 68-82.

[47]彭波, 韩亚品. 竞争中性、国企改革与市场演化研究——基于国际博弈的背景 [J]. 国际贸易, 2020 (3): 14-20.

[48]彭建国. 尽快统一对深化国企改革速度与方向问题的认识 [J]. 中国

财政，2014（19）：60-61.

[49]卜令强. 竞争中立规则与中国国有企业改革初论［J］. 经济法论丛，
2017（2）：95-121.

[50]戚聿东，李颖. 新经济与规制改革［J］. 中国工业经济，2018，（3）：
5-23.

[51]戚聿东，张任之. 国有企业与民营企业竞争状况比较及其改革建议
［J］. 中国价格监管与反垄断，2018（3）：18-21.

[52]石嘉莹，黄琳琳. 基于经济法价值视阈探析竞争中立原则的制度价值
及在中国的实现路径——以上海自贸区的金融改革为样本［J］. 上海
金融，2015（11）：84-90.

[53]石伟. "竞争中立"制度的理论和实践［M］. 北京：法律出版社，
2017.

[54]史际春，罗伟恒. 论"竞争中立"［J］. 经贸法律评论，2019（3）：
101-119.

[55]沈伟，方荔. 从接受到"接合"：国有企业国际规制的中国话语转变
［J］. 国际经济法学刊，2022（1）：34-50.

[56]沈伟，方荔. 国际经贸协定国企条款的立法趋势与中国的立场演化
［J］. 国际经济评论，2022（3）：1-22.

[57]斯蒂格利茨. 政府为什么干预经济［M］. 北京：中国物资出版1998.

[58]宋娜. TPP国企条款对我国国有企业改革的启示［J］. 法制与社会，
2016（23）：78-80.

[59]孙佑海. 城市土地初次流转问题与对策［J］. 中国土地，2000（7）：
19-22.

[60]孙瑜晨. 国企改革引入竞争中性的正当性及实现路径——以新兴经济
体的实践经验为镜鉴［J］. 北方法学，2019，13（6）：135-146.

[61]汤婧. "竞争中立"规则：国有企业的新挑战［J］. 国际经济合作，

2014（3）：46-51.

[62]唐宜红，姚曦. 混合所有制与竞争中立规则——TPP对我国国有企业改革的挑战与启示[J]. 人民论坛·学术前沿，2015（23）：61-73.

[63]田丰. 国有企业相关国际规则：调整、影响与应对[J]. 国际经济合作，2016（5）：4-11.

[64]屠新泉，徐林鹏，杨幸幸. 国有企业相关国际规则的新发展及中国对策[J]. 亚太经济，2015（2）：45-49.

[65]王丹. 发达经济体确立竞争政策基础性地位的做法及启示[J]. 宏观经济管理，2018（12）：75-80.

[66]王国刚. 论"公司债券"与"企业债券"的分立[J]. 中国工业经济，2007（2）：5-11.

[67]吴振宇. 竞争中性原则对深化国企改革的启示[J]. 山东国资，2020（3）：21-24.

[68]吴忠民. 公正新论[J]. 中国社会科学，2000（04）：50-58.

[69]徐梦秋. 公平的类别与公平中的比例[J]. 中国社会科学，2001（1）：35-43.

[70]徐昕. 国有企业国际规则的新发展——内容评述、影响预判、对策研究[J]. 上海对外经贸大学学报，2017（1）：14-26.

[71]杨秋波. 国企条款透视：特征、挑战与中国应对[J]. 国际商务（对外经济贸易大学学报），2018（2）：123-131.

[72]杨勇萍，潘迎春. 美国对华"新冷战"的演进逻辑[J]. 国际观察，2021（2）：49-84.

[73]应品广. 竞争中立条款与国企改革[J]. WTO经济导刊，2015（3）：85-87.

[74]余菁，王欣，渠慎宁，等. 国家安全审查制度与"竞争中立"原则——兼论中国国有企业如何适应国际社会的制度规范[J]. 中国社会科学

院研究生院学报，2014（3）：50-60.

［75］余烨. TPP 国有企业的定义对中国国企分类改革的启示［J］. 长安大学学报（社会科学版），2017，19（4）：86-94.

［76］于良春. 转轨经济中的反行政性垄断与促进竞争政策研究［M］. 北京：经济科学出版社，2011.

［77］翟巍. 公平竞争审查制度框架下环保豁免标准的阐释与重构［J］. 竞争政策研究，2019（2）：15-24.

［78］张晖，倪桂萍. 财政补贴、竞争能力与国有企业改革［J］. 财经问题研究，2007（2）：86-92.

［79］张久琴. 竞争政策与竞争中立规则的演变及中国对策［J］. 国际贸易，2019（10）：27-34.

［80］张琳，东艳. 主要发达经济体推进"竞争中立"原则的实践与比较［J］. 上海对外经贸大学学报，2015（7）：26-36.

［81］张林山. 国资国企分类监管政策研究［M］. 北京：中国言实出版社，2015.

［82］张文魁. 我国企业发展政策的历史逻辑与未来取向［J］. 管理世界，2021，37（12）：15-24.

［83］赵宏瑞. WTO 法与中国论坛年刊（2017）［M］. 北京：知识产权出版社，2017.

［84］赵晓斐，黄宁，王伟斌. 竞争中性、国企治理与经济高质量发展［J］. 福建金融，2020（5）：3-9.

［85］郑新立. 构建更加系统完备成熟定型的高水平社会主义市场经济体制［J］. 中国党政干部论坛，2020（10）：6-10.

［86］宗寒. 国有经济读本［M］. 北京：经济管理出版社，2002.

［87］Bhala R. Exposing the Forgotten TPP Chapter: Chapter 17 as a Model for Future International Trade Disciplines on SOEs［J］. Manchester Journal of

International Economic Law, 2017, (1): 2-49.

[88]Bown C P, Hillman J A. WTO' ing a Resolution to the China Subsidy Problem[J]. Journal of International Economic Law, 2019, 22(4): 557-578.

[89]Capobianco A, Christiansen H. Competitive Neutrality and State-Owned Enterprises: Challenges and Policy Options [J]. OECD Corporate Governance Working Papers, No. 1, OECD Publishing, 2011.

[90]Curtis J M, Zheng W. Beyond Ownership: State Capitalism and the Chinese Firm [J]. Georgetown Law Journal, 2015, (103): 688.

[91]Dunning J H. The Eclectic Paradigm of International Production: A Restatement and Some Possible Extensions [J]. Journal of International Business Studies, 1988, 19 (1): 1-31.

[92]Dunning J H. The Eclectic (OLI) Paradigm of International Production: Past, Present and Future [J]. International Journal of the Economics of Business, 2001, 8 (2): 173-190.

[93]Finnemore M, Sikkink K. International norm dynamics and political change [J]. International organization, 1998, 52 (4): 887-917.

[94]Fleury J S, Marcoux J M. The us shaping of state-owned enterprise disciplines in the trans-pacific partnership [J]. Journal of International Economic Law, 2016, 19 (2), 445-465.

[95]Gantz D A . The TPP and RCEP: Mega-Trade Agreements for the Pacific Rim[J]. Arizona Journal of International and Comparative Law, 2016, 33 (1): 57.

[96]Hamanaka S . Evolutionary paths toward a region-wide economic agreement in Asia [J]. Journal of Asian Economics, 2012, 23 (4): 383-394.

［97］Hufbauer G C , Cimino-Isaacs C. How will TPP and TTIP Change the WTO System ？ ［J］. Journal of International Economic Law, 2015, 18 （3）: 679-696.

［98］Julia Y Q. WTO Regulation of Subsidies to State — Owned Enterprises （SOEs） — A Critical Appraisal of the China Accession Protocol ［J］. Journal of International Economic Law, 2004, （7）: 863-919.

［99］Khanna V. The USSFTA: The Impact on Government-Linked Companies and Singapore's Corporate Scene ［M］. The United States-Singapore Free Trade Agreement: Highlights and Insights, 2014.

［100］Lee J. Trade Agreements' New Frontier — Regulation of State-Owned Enterprises and Outstanding Systemic Challenges［J］. Asian Journal of WTO & International Health Law and Policy, 2019, 14 （1）: 33-76.

［101］Lewis M K. The Trans-Pacific Partnership: New Paradigm or Wolf in Sheep's Clothing ？ ［J］. Boston College international and comparative law review, 2011, 34 （1）: 27-53.

［102］Mastromatteo A. WTO and SOEs: Article XVII and Related Provisions of the GATT 1994 ［J］. World Trade Review, 2016, 16 （4）: 601 - 618.

［103］Pieke F N. The Good Communist: Cadre training, cadre careers and the changing composition of China's political elite ［J］. 2009 （6）: 141-179.

［104］Qin J Y. WTO Regulation of Subsidies to State-Owned Enterprises （SOEs） —A Critical Appraisal of China Accession Protocol, Journal of International Economic Law ［J］. 2004, 7 （4）: 863-919.

［105］Ru D. Interface 2.0 in Rules on State-Owned Enterprises: A Comparative Institutional Approach ［J］. Journal of International Economic Law, 2020, （3）: 637-663.

［106］Virtanen M, Valkama P. Competitive neutrality and distortion of competition: A conceptual view [J]. World Competition, 2009, 32 (3): 393−407.

[107]Willemyns I. Disciplines on state−owned enterprises in international economic law: Are we moving in the right direction ？ [J]. Journal of International Economic Law, 2016, 19 (3): 657−680.

[108]Yun M . An Analysis of the New Trade Regime for State−Owned Enterprises under the Trans−Pacific Partnership Agreement [J]. Journal of East Asian Economic Integration, 2016, 20 (1): 3−35.

[109]Zhou W. Rethinking the (CP) TPP As A Model for Regulation of Chinese State−Owned Enterprises [J]. Journal of International Economic Law, 2021, 24 (3): 21−46.

后　记

　　本书的主要内容，从构思设想、到框架搭建、再到调研思考、最后写作成书，历经三年多的时间，花费了大量的精力。

　　现在回头来看，研究国际规则与国有企业改革这一主题是恰逢其时的。近年来，全球疫情暴发，世界经济复苏动力不足，外部形势复杂多变，逆全球化思潮、贸易保护主义暗流涌动。2022年以来，外部环境更趋复杂严峻和不确定，内部形势面临需求收缩、供给冲击、预期转弱三重压力持续存在。在此背景下，国有经济作为中国特色社会主义重要物质基础和政治基础，是保障国家安全、提供公共服务、提高国际竞争力的重要支柱，是社会主义现代化建设的重要力量。对于国际规则中的国企条款展开研究，有利于推动我国从规则接受者向规则制定者转变，符合新形势下我国争取国际规则主导权的客观需要。

　　研究期间有幸得到中央财经大学诸多教授的指导，同时得到国家发展和改革委员会经济体制与管理研究所的大力支持，以及国务院发展研究中心企业研究所、中国社会科学院工业经济研究所、国家发展改革委、国务院国资委、地方国资委等有关单位诸多领导、专家的帮助。实地调研中，还得到不少中央企业、地方国有企业的帮助和支持。围绕国有企业改革重点难点问题，在课题交流、研讨汇报、实地调研等过程中，我受到很大启发，对本书文稿顺利完成发挥了积极重要的作用。借此机会，谨致谢忱！

由于水平有限，书中如有一些不完善之处，敬请各位读者批评指正。

石　颖

2022 年 2 月